Super food

DIE REZEPTE

compact via

ABKÜRZUNGEN

EL	Esslöffel	g	Gramm	Bd.	Bund
TL	Teelöffel	l	Liter	TK	Tiefkühl...
Min.	Minute	ml	Milliliter	Abb.	Abbildung
Std.	Stunde	cm	Zentimeter		
kg	Kilogramm	Msp.	Messerspitze		

Impressum

compact via ist ein Imprint der Compact Verlag GmbH

© Compact Verlag GmbH
Baierbrunner Straße 27, 81379 München
Ausgabe 2016

Einleitungstext: Frank Müller
Redaktionsleitung: Isabel Martins
Produktion: Ute Hausleiter
Abbildungen: siehe Bildnachweis S. 144
Titel Hintergrund: shutterstock.de/Gokce Gurellier
Gestaltung: PER MEDIEN & MARKETING GmbH, Braunschweig
Umschlaggestaltung: red.sign GbR, Stuttgart

ISBN 978-3-8174-1633-2
381741633/1

www.compactverlag.de

INHALT

SUPERFOODS -
POWERPAKETE AUS DER NATUR

Wir sind, was wir essen. Und Essen kann – und soll – viel mehr als nur unseren Hunger stillen. Lebensmittel liefern Energie und lebensnotwendige Nährstoffe, die einen weniger, die anderen mehr. Und genau hier kommen Superfoods ins Spiel.

Zwar ist der Begriff „Superfood" eine moderne Wortschöpfung, die auch aus der Ideenschmiede eines Werbestrategen stammen könnte. Doch das Wissen um deren gesundheitsfördernde Eigenschaften ist oft jahrhunderte- oder gar jahrtausendealt, es wurde in Zivilisationen rund um die Erde von Generation zu Generation tradiert und gepflegt. Dabei müssen Superfoods bei Weitem nicht nur exotisch klingende Namen haben. Nein, auch aus unseren heimischen Gärten und Wäldern stammen zahlreiche Produkte und Pflanzen wie Leinsamen, Blaubeeren, Brennnessel oder Löwenzahn, die – mitunter vergessene – herausragende Qualitäten besitzen und es ganz bequem mit so manchem Exoten aufnehmen können.

Superfoods kommen direkt aus der Natur, weshalb ihnen eine höhere Bioverfügbarkeit zugesprochen wird, ihre Nährstoffe also vom Körper meist besser aufgenommen werden können, als dies bei synthetisch hergestellten Produkten der Fall ist. Ihnen allen ist gemeinsam, dass sie tatsächlich Nahrungsmittel der Superlative sind. Sie haben besonders hohe Konzentrationen an Vitaminen, Mineralstoffen, wertvollen Fettsäuren und Proteinen oder auch sogenannten sekundären Pflanzenstoffen, die oft nicht nur positive Auswirkungen auf die Prozesse in unserem Körper haben, sondern auch unser Wohlbefinden steigern, uns fitter und glücklicher machen.

Vor allem sind die Powerpakete aus der Natur reich an Antioxidantien wie Vitamin C und E, Selen und Zink, Carotinoide und Flavonoide, die freien Radikalen den Garaus machen. Diese instabilen und unvollständigen Sauerstoffteilchen entstehen als

Die Menge machts!

Superfoods haben zweifelsohne gesundheitsfördernde Inhaltsstoffe, doch nicht immer lassen sich die wissenschaftlich erwiesenen Erkenntnisse in die Ernährungspraxis umsetzen, etwa weil die notwendigen Dosen gar nicht erreicht werden. Und auch bei Superfoods gilt: Zu viel des Guten kann schaden – beispielsweise können zu viel Antioxidantien in der Nahrung auch die Wirkung von Medikamenten oder die Aufnahme von Vitaminen beeinträchtigen. Daher gilt: Superfoods können eine ausgewogene Ernährung nicht ersetzen, sondern sollten sie bereichern.

Nebenprodukte des Stoffwechsels, aber auch durch Umweltgifte oder übermäßigen Konsum von Alkohol, Rauchen und intensiven (Leistungs-)Sport. Sie gelten als Auslöser oder zumindest als Katalysatoren von chronischen Erkrankungen und Krebs.

Viele Superfoods wirken zudem als sogenannte Adaptogene. Diese helfen dem Körper, sich besser an die unterschiedlichen umweltbedingten Belastungen anzupassen, indem sie Überfunktionen drosseln und Unterfunktionen ankurbeln. Kurzum: Sie bringen unseren Körper ins Gleichgewicht und sorgen so für Wohlbefinden und Vitalität.

SUPERFOODS VON A BIS Z

Hier nun wichtige Superfoods im Überblick. Natürlich handelt es sich hierbei lediglich um eine Auswahl, was zum einen die Superfoods selbst betrifft wie auch ihre wichtigsten Inhaltsstoffe und Wirkungen.

Açai-Beere

Die dunkelrote Powerbeere aus dem Regenwald Amazoniens hat einen leicht säuerlichen Geschmack, verdirbt schnell und kommt daher nur als Püree, Saft oder Pulver in den Handel.

Inhaltsstoffe: mehr Antioxidantien als jede andere Frucht, außerdem reichlich Ballaststoffe und gesunde Fettsäuren

Wirkung: schützt das Herz-Kreislauf-System, stärkt das Immunsystem, senkt Blutfettwerte, appetithemmend, wirkt Alterungsprozessen der Haut entgegen

Algen

Algen gehören zu den ältesten Lebensformen der Erde und enthalten, je nach Art, das sonst in pflanzlichen Lebensmitteln kaum vorkommende Vitamin B_{12}; ob es hier vom Körper verwertet werden kann, gilt noch nicht als ganz gesichert. Zu den als Lebensmittel genutzten Algenarten gehören die Meeres- bzw. Makroalgen Wakame und Nori und die Mikroalgen Chlorella und Spirulina; Letztere ist genau genommen ein Bakterium. Da viele mit Schwermetallen und anderen Giftstoffen belastete Algen in den Handel gelangen, sollte unbedingt darauf geachtet werden, dass die Hersteller der Produkte zertifiziert sind (etwa von Naturland oder BIO). Um die Entgiftung des Körpers zu unterstützen, sollte begleitend zum Konsum von Chlorella viel Wasser getrunken werden.

Inhaltsstoffe: je nach Algenart sehr hohe Konzentration an Proteinen und Chlorophyll, Vitamin B_{12}, Omega-3-Fettsäuren, Jod und Eisen, diversen Spurenelementen, Aminosäuren, Ballaststoffen

Wirkung: Stärkung der Immunabwehr, entzündungshemmend, blutbildend, antioxidativ und entgiftend (vor allem Chlorella), Wachmacher und appetithemmend (Spirulina)

Wirkung: harntreibend, entschlackt den Körper und hilft bei Anämie

Chia

Die Samen der gleichnamigen mexikanischen Superfrucht können gut gelagert und als Ganzes gegessen werden; sie eignen sich unter anderem als Zutat für Müslis, Brot, Gebäck, diverse Süßspeisen und Smoothies. Zudem wird aus den Samen durch Kaltpressung ein hochwertiges Öl gewonnen.
Inhaltsstoffe: (pflanzliche) Omega-3-Fettsäuren, hochwertige Eiweiße, Ballaststoffe, Antioxidantien, Kalzium und Eisen
Wirkung: unterstützt etwa die Darmflora und reguliert den Blutdruck, beugt Herz-Kreislauf-Erkrankungen vor, sättigt, fördert unter anderem Gehirnaktivität, Kraft und Ausdauer

Avocado

Die Sattmacher-Frucht aus Mittelamerika reift auch nach der Ernte nach. Sie ist essreif, wenn das Fruchtfleisch auf leichten Daumendruck nachgibt.
Inhaltsstoffe: nützliche ungesättigte Fettsäuren, Aminosäuren, Vitamine wie A, B_6, C und E sowie unter anderem Kalium und Folsäure
Wirkung: gut für Herz und Gefäße, reguliert Blutzucker- und Cholesterinspiegel

Brennnessel

Dieses alte, wirkungsvolle Heil- und Nahrungsmittel mit spinatähnlichem Geschmack kann auch roh verzehrt werden. Hierzu die Blattspitzen in einem Tuch für einige Minuten in warmes Wasser legen und dieses anschließend zusammen mit den Blättern auswringen.
Inhaltsstoffe: zahlreiche Vitamine, Folsäure, Mineralien und Antioxidantien

Gojibeere

Die auch als Wolfsbeere bezeichnete Frucht ist seit rund 2000 Jahren fester Bestandteil der chinesischen Medizin. Sie sollte in Maßen (max. 1 EL pro Tag) konsumiert werden, da sie nachhaltig den Stoffwechsel und Hormonhaushalt beeinflusst. Unbedingt auf Bio-Qualität achten!

Inhaltsstoffe: diverse Zuckerketten und Aminosäuren, besonders viel Vitamin C und E, Antioxidantien und Eisen

Wirkung: stärkt das Immunsystem, senkt Bluthochdruck, hilft bei Schlafstörungen, stärkt Sehkraft, unterstützt die Verdauung und Entgiftung des Körpers, steigert Vitalität und Libido, wirkt als Anti-Aging-Mittel

Granatapfel

Der Granatapfel gilt seit jeher als Symbol für ewiges Leben, Schönheit und Fruchtbarkeit. Frisch gibt es die Frucht von September bis Februar.

Inhaltsstoffe: Antioxidantien (Polyphenole), zudem Vitamin C, B_5 und K, Kalium und pflanzliche Hormone

Wirkung: fördert die Durchblutung des Herzmuskels, stärkt die Abwehrkräfte, hilft bei chronischen Entzündungen; die Inhaltsstoffe sollen das Wachstum mancher Krebszellen hemmen

Grüner Tee & Matcha

Das Antioxidantienwunder grüner Tee aus Fernost gibt es in verschiedenen Qualitätsstufen. Matcha ist zu Pulver zerriebener Grüntee.

Inhaltsstoffe: Antioxidantien (vor allem Polyphenole) und Koffein

Wirkung: wirkt Alterungsprozessen entgegen, senkt den Cholesterinspiegel, stärkt das Immunsystem, entwässert, regt an und beruhigt dennoch bei Stress, hautreinigend, krebshemmend, beschleunigt Stoffwechsel und Gewichtsverlust

Grünes Blattgemüse: Spinat & Co.

Eisenreservoire aus heimischen Gärten. Je schonender die Zubereitung, desto weniger werden die Inhaltsstoffe des Gemüses zerstört. Empfehlenswert ist Blanchieren oder Dämpfen. Junger Spinat eignet sich auch super als Salat.

Inhaltsstoffe: die als Antioxidantien wirkenden Anthocyane, Ballaststoffe, mehrere Vitamine
Wirkung: beugt Alterungsprozessen vor, schützt Gehirnzellen, stärkt Immunsystem, Herz und Darm, senkt Cholesterinspiegel

Ingwer

Die scharf schmeckende Wurzel aus den Tropen und Subtropen gilt nicht nur bei Erkältungen als altes Heilmittel. In sehr hohen Dosen kann Ingwer Magenbeschwerden hervorrufen.
Inhaltsstoffe: reich an Vitamin C und ätherischen Ölen, Antioxidans Gingerol
Wirkung: beugt Übelkeit und Reisekrankheit vor, wirkt entzündungshemmend und schmerzstillend, senkt Blutdruck, Cholesterin- und Blutzuckerspiegel, fördert die Verdauung

Inhaltsstoffe: reichlich Eisen, Kalzium, Magnesium, Aminosäuren und die Vitamine A, B und C, Chlorophyll, Folsäure
Wirkung: senkt das Risiko einer Krebserkrankung, stärkt das Herz-Kreislauf-System, verdauungsfördernd

Hanf

Nutzhanf hat einen verschwindend geringen Anteil an berauschendem THC und hat nichts mit Haschisch oder Marihuana gemein. Er kommt als Samen, Pulver oder Öl, am besten kalt gepresst, in den Handel.
Inhaltsstoffe: leicht verdauliches Protein, zahlreiche Aminosäuren mit hoher Bioverfügbarkeit, verschiedene Vitamine, Mineralien und Ballaststoffe, Omega-3- und Omega-6-Fettsäuren
Wirkung: stärkt Immun- und Herz-Kreislauf-System, wirkt entzündungshemmend und gewichtsregulierend, fördert die Hauterneuerung und die Gehirntätigkeit

Heidel-/Blaubeere

Um die Wirkung der Antioxidantien dieser heimischen Beere nicht zu beeinträchtigen, empfiehlt es sich, sie nicht gemeinsam mit Milchprodukten zu essen. Wildbeeren immer gründlich waschen!

Kakao

Die Wunderbohne der Azteken und Maya – die gesundheitsfördernde Wirkung gilt jedoch nur für rohen Kakao, da die meisten Inhaltsstoffe bei einer Temperatur ab 42 Grad zerstört werden.

Inhaltsstoffe: Antioxidantien, die Glücksbotenstoffe Dopamin und Serotonin, mehrere Mineralstoffe wie Magnesium

Wirkung: wirkt stimmungsaufhellend und stressreduzierend, fördert das Sättigungsgefühl und auch die Leistungsfähigkeit des Gehirns, stimuliert das zentrale Nervensystem

Kohl

Die verschiedenen Kohlsorten, von Grün- über Rosen- bis Blumenkohl, waren lange als einfaches Essen ohne Reiz abgestempelt. Inzwischen hat man aber die inneren, überaus gesunden Werte wieder voll zu schätzen gelernt.

Inhaltsstoffe: reich an verschiedenen Vitaminen wie vor allem Vitamin C, aber auch A, K oder B-Vitamine, Antioxidantien, Mineral- und Ballaststoffe

Wirkung: unterstützt das Immunsystem und die Blutbildung, stärkt Sehkraft, Abwehrkräfte, Knochen und Zähne, reguliert Verdauung und Blutzuckerspiegel

Kokosnuss

Hier gibt es ganz unterschiedliche Produkte, von Kokosraspeln über fast fettfreies Kokoswasser, (möglichst ungesüßte) Kokosmilch bis hin zu Kokosöl und -fett. Letztere besitzen einen hohen Rauchpunkt, weshalb sie auch stark erhitzt werden können, ohne dass dabei gesundheitsschädliche Transfette entstehen. Aber Achtung: Es handelt sich trotzdem um Fett!

Inhaltsstoffe: Antioxidantien, gesunde gesättigte Fettsäuren, Mineralstoffe

Wirkung: fördert Stoffwechsel und Fettverbrennung, liefert schnell Energie, stärkt das Herz-Kreislauf- und Immunsystem

Kurkuma (Gelbwurzel)

Der Erdspross (Rhizom) der Kurkuma-Pflanze liefert den intensiven gelben Farbstoff

Kurkumin, der zugleich exotisches Gewürz und Heilmittel ist.
Inhaltsstoffe: das Antioxidans Kurkumin
Wirkung: kann die Ausbreitung vor allem von durch HP-Viren bedingten Krebsarten hemmen, schützt das Gehirn, wirkt entzündungshemmend, senkt Blutzuckerwerte

Leinsamen

Die Samen des Flachses schmecken angenehm nussig. Sie werden auch zu hochwertigem Öl verarbeitet, das jedoch recht schnell ranzig wird. Leinsamen sollten in kleinen Mengen aufgenommen werden, da sie auch viel Fett enthalten.
Inhaltsstoffe: Omega-3-Fettsäuren, Antioxidantien (besonders Lignane), reichlich Ballast- und Schleimstoffe
Wirkung: fördert Durchblutung und Gehirntätigkeit, senkt Blutfettwerte, hilft bei Verstopfung und chronischen Entzündungen des Verdauungstraktes, wirkt krebsvorbeugend und verlangsamt Alterungsprozesse

Löwenzahn

Wurzel und Blätter werden zu Naturheilmitteln verarbeitet. Die Blätter schmecken bitterer, je später im Jahr sie geerntet werden. Auch die Blüten sind essbar.

Inhaltsstoffe: Vitamine A, B, C und E, diverse Mineralstoffe, Antioxidantien
Wirkung: reguliert die Darmflora und wirkt krampflösend, harntreibend, blutreinigend, entgiftend und als Stärkungsmittel, senkt den Cholesterinspiegel

Maca

Die Superwurzel aus den Anden wird unter anderem zu Pulver verarbeitet, das man sparsam dosieren sollte –

ca. 1–2 TL pro Tag genügen. Es kann leichte Nebenwirkungen wie Verdauungsbeschwerden hervorrufen.
Inhaltsstoffe: Alkamide und Antioxidantien, diverse Vitamine und Mineralstoffe, gesunde Fette, Aminosäuren
Wirkung: gilt als Adaptogen, wirkt Alterungsprozessen entgegen, reguliert den Hormonhaushalt, kann Fruchtbarkeit und Libido steigern, fördert körperliche Energie, Ausdauer und Stressresistenz

Mandel

Mandeln können als Grundnahrungsmittel für eine basische Ernährung dienen. Mandelmilch (aus Mandelpaste oder geriebenen Mandeln und heißem Wasser) kann zudem bei veganer Ernährung Milch ersetzen.

Inhaltsstoffe: einfache ungesättigte Fettsäuren, Ballaststoffe, hochwertiges Eiweiß, Mineralstoffe (vor allem Magnesium), diverse Vitamine

Wirkung: unterstützt die Darmflora, verbessert die Knochendichte, beugt Herz-Kreislauf-Erkrankungen und Diabetes vor, senkt den Cholesterinspiegel, liefert Energie

Maulbeere

Die herb-süßlich schmeckenden Maulbeeren erinnern an Brombeeren. Da sie recht schnell verderben, kommen sie vor allem getrocknet in den Handel.

Inhaltsstoffe: Antioxidantien, diverse Mineralstoffe, Vitamine und Ballaststoffe

Wirkung: schützt das Herz, senkt den Blutzucker- und den Cholesterinspiegel, wirkt schleimlösend, gutes Anti-Aging-Mittel

Moringa

Hierzulande kommen die Blätter des „Wunderbaums" getrocknet, für Tee, und als Pulver in den Handel. Letzteres hat einen leicht scharfen Geschmack und kann auch zu diversen Gerichten und Smoothies beigegeben werden. Achten Sie auf die Bio-Zertifizierung des Herstellers!

Inhaltsstoffe: sehr hohe Konzentrationen an Eiweiß und Vitaminen, besonders viele Antioxidantien und Aminosäuren, gilt als Adaptogen

Wirkung: wirkt mannigfaltig gegen Bakterien, Pilze und Viren, hemmt Alterungsprozesse und Tumorwachstum, wirkt stimmungsaufhellend und vitalisierend

Papaya

Unreife Papayas kommen in der asiatischen Küche zum Einsatz, sollten aber nicht roh gegessen werden. Reife Papayas erkennt man an ihrer rötlich-orangefarbenen Schale; außerdem gibt das Fruchtfleisch auf sanften Druck leicht nach.

Inhaltsstoffe: diverse Mineralstoffe, Vitamine und die Enzyme Papain und Chymopapain
Wirkung: wirkt verdauungsfördernd und stärkt die Darmflora, unterstützt die Wundheilung und das Immunsystem, senkt den Cholesterinspiegel, verlangsamt Alterungsprozesse

Quinoa

Das glutenfreie „Pseudogetreide" wird auch Inkakorn genannt. Es bringt getreideähnliche Samen in drei Farben (weiß, rot, schwarz) hervor, die sich in Konsistenz und Geschmack leicht unterscheiden. Quinoa sollte vor der Verwendung gut gewaschen werden, um bitter schmeckende Pflanzenstoffe auszuschwemmen.
Inhaltsstoffe: Proteine, Aminosäuren, mehrere Mineralstoffe (vor allem Magnesium) und B-Vitamine, Ballaststoffe
Wirkung: senkt Cholesterinspiegel und Bluthochdruck, fördert die Verdauung und den Schlaf, wirkt stimmungsaufhellend

Shiitakepilz

Der aromatisch schmeckende Pilz ist in der Traditionellen Chinesischen Medizin seit Jahrtausenden als Heilmittel bekannt. Er ist die natürliche Quelle der Substanz Lentinan, die in der Krebs- und Rheumatherapie zum Einsatz kommt und inzwischen auch chemisch produziert wird.
Inhaltsstoffe: zahlreiche Vitamine und Mineralstoffe, besonders Vitamin D, Eisen, Kalzium und Kalium, Aminosäuren
Wirkung: unterstützt die Darmflora und das Immunsystem, fördert die Bildung von Abwehrzellen, reguliert Blutfettwerte und Bluthochdruck, wirkt entzündungshemmend

Sprossen

Das Geheimnis von Sprossen ist schnell erklärt: Beim Keimen vermehren sich Vitamine, Proteine und Mineralien genauso wie die sekundären Pflanzenstoffe im Keimling um ein Vielfaches. Die Inhaltsstoffe der jeweiligen „erwachsenen" Pflanzen sind also in Sprossen hoch konzentriert enthalten.

Weizengraspulver

Das aus den Keimblättern der Weizenpflanze gewonnene (glutenfreie) Pulver besitzt eine hohe Bioverfügbarkeit. Es enthält Glykogen, das den Körper schnell und nachhaltig mit Energie versorgt.

Inhaltsstoffe: Chlorophyll, Eisen, Protein, hohe Konzentrationen an Vitaminen A, C, E und B

Wirkung: blutbildend, entzündungshemmend, antibakteriell, entgiftend und krebsvorbeugend

Walnuss

Walnüsse sollte man immer in der Schale kaufen, kühl lagern und möglichst rasch aufbrauchen. Noch gesünder und leichter verdaulich sind die Nüsse, wenn man sie mehrere Stunden in Wasser einweicht (und je nach Bedarf danach wieder trocknet).

Inhaltsstoffe: viele Antioxidantien, unter anderem Vitamin E und Selen, Ellagsäure, viel Eiweiß, essenzielle (Omega-3-) Fettsäuren

Wirkung: gut für Herz, Kreislauf und Nervensystem, reguliert den Cholesterinspiegel und Blutdruck, fördert die Gehirntätigkeit, reduziert das Risiko einer Erkrankung an Diabetes Typ 2

HAFERFLOCKEN
MIT MANDELN UND BLAUBEEREN

FÜR 4 PERSONEN:

ca. 750 ml Milch
1 Vanilleschote
3 EL brauner Zucker
1 Msp. Zimtpulver
125 g kernige Hafer-
flocken
200 g Blaubeeren
100 g rote Weintrauben
60 g Mandelkerne

ZUBEREITUNGSZEIT:
10 Min.
QUELLZEIT:
10 Min.

1. 750 ml Milch in einen Topf geben. Vanilleschote der Länge nach aufschneiden und das Mark herausschaben. Mark und Schote zur Milch geben. Braunen Zucker und Zimt hinzufügen und die Milch aufkochen lassen.

2. Die Milch vom Herd ziehen und die Haferflocken einstreuen. 5–10 Minuten ausquellen lassen, dabei ab und zu umrühren. Es sollte ein cremiger Brei entstehen; nach Bedarf noch etwas Milch nachgießen.

3. Blaubeeren kalt abbrausen, trocken tupfen und verlesen. Weintrauben abbrausen, trocken tupfen und klein schneiden.

4. Vanilleschote aus dem Haferbrei nehmen und den Brei auf 4 Schüsseln verteilen. Mit den vorbereiteten Früchten und den Mandeln bestreuen und dann servieren.

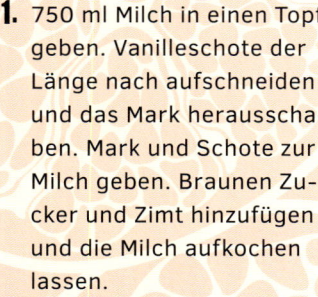

Tipp

Auch super zum Frühstück: ein Blaubeer-Nuss-Mix. Dafür 100 g gemischte Nüsse und Mandeln hacken und in einer Pfanne ohne Fettzugabe rösten. Mit 2 EL flüssigem Honig überziehen. 500 g Naturjoghurt mit 200 g Blaubeeren vermengen und auf 4 Schalen verteilen. Die Nüsse daraufsetzen und den Mix dann servieren.

FRÜHSTÜCKS-REIS
MIT GRANATAPFEL

FÜR 4 PERSONEN:

1 Limette (unbehandelt)

1 Vanilleschote

1 Stange Zimt

3 EL Agavendicksaft

400 ml ungesüßte Kokosmilch

175 g Vollkornreis

1 Granatapfel

2 EL Kokosraspel

ZUBEREITUNGSZEIT:
20 Min.

GARZEIT:
50 Min.

1. Limette heiß waschen, trocken reiben und die Schale fein abreiben. Vanilleschote der Länge nach aufschneiden und das Mark herausschaben. Mark und Schote mit der Zimtstange, Limettenschale, Agavendicksaft und Kokosmilch in einen Topf geben.

2. Den Vollkornreis mit in den Topf geben und alles gründlich verrühren. Dann das Ganze aufkochen und den Deckel auflegen. Bei milder Hitze ca. 30 Minuten leise köcheln lassen. Dabei den Reis gelegentlich umrühren.

3. Nach Ende der Garzeit den Topf vom Herd nehmen. Den Reis bei geschlossenem Deckel in ca. 20 Minuten ausquellen lassen.

4. Granatapfel rundherum anklopfen. Dann halbieren und die Kerne herausklopfen oder herauslösen. Dabei die weißen Häute entfernen.

5. Vanilleschote und Zimtstange aus dem Reis entfernen. Dann den Frühstücksreis auf 4 Tellern anrichten. Granatapfelkerne und Kokosraspel darüberstreuen und anschließend rasch servieren.

Tipp
Vollkornreis erhalten Sie auch unter der Bezeichnung Naturreis im Handel.

AVOCADO-SMOOTHIE-BOWL
MIT BEEREN

FÜR 4 PERSONEN:

2 reife Avocados

2 Bananen

1 Limette (unbehandelt)

200 g Soja-Joghurt-alternative natur

ca. 100 ml Kokos- oder Mandeldrink

3 EL zarte Haferflocken

2 EL Chiasamen

100 g gemischte Beeren (z. B. Blau- und Himbeeren)

30 g Pistazienkerne

ZUBEREITUNGSZEIT:
20 Min.

QUELLZEIT:
10 Min.

1. Avocados halbieren und die Steine entfernen. Das Fruchtfleisch aus den Schalen lösen und in Stücke schneiden. Bananen schälen und in Scheiben schneiden. Limette heiß waschen, trocken reiben, die Schale abreiben und den Saft auspressen.

2. Avocado mit Bananen, Limettensaft, Joghurtalternative, 100 ml Kokos- oder Mandeldrink, Haferflocken und Chiasamen in den Standmixer geben und das Ganze cremig pürieren. Anschließend ca. 10 Minuten quellen lassen.

3. In der Zwischenzeit die Beeren mit kaltem Wasser waschen, verlesen und mit Küchenpapier trocken tupfen. Die Pistazien grob hacken. Beeren, Pistazien und abgeriebene Limettenschale vermengen.

4. Nach Bedarf beim Smoothie noch ein wenig Kokos- oder Mandeldrink ergänzen; er sollte jedoch dick genug sein, um gut gelöffelt werden zu können. Auf 4 Schüsseln verteilen. Mit der Beeren-Pistazien-Mischung bestreuen und dann Avocado-Smoothie-Bowl rasch servieren.

Tipp

Smoothie Bowls, also Smoothies zum Löffeln, lassen sich mit unterschiedlichstem Obst oder Gemüse zubereiten; erlaubt ist, was schmeckt. Chiasamen und Haferflocken werden verwendet, um ihnen eine dickflüssige Konsistenz zu geben.

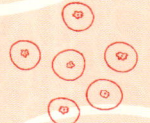

NUSSFLOCKEN-MÜSLI
MIT BIRNE UND GOJIBEEREN

FÜR 4 PERSONEN:

100 g Haselnusskerne

1 Apfel (unbehandelt)

100 g kernige Hafer-
flocken

2 EL Agavendicksaft

1 Msp. Zimtpulver

40 g Rosinen

200 ml ungesüßte
Kokosmilch

400 g Soja-Joghurt-
alternative natur

40 g getrocknete
Gojibeeren

1 EL getrocknete
Erdbeeren

1 EL Sesamsamen

1 EL Leinsamen

1 Birne (unbehandelt)

ZUBEREITUNGSZEIT:
20 Min.

ZIEHZEIT:
2 Std.

1. Haselnüsse in eine be-schichtete Pfanne geben und ohne die Zugabe von Fett rösten. Anschließend aus der Pfanne nehmen, abkühlen lassen und die Häutchen abreiben. Die Nüsse grob hacken.

2. Den Apfel waschen, tro-cken reiben und vierteln. Das Kerngehäuse heraus-schneiden und das Frucht-fleisch auf der Küchen-reibe fein raspeln.

3. Apfel mit Haferflocken, Nüssen, Agavendicksaft, Zimt, Rosinen, Kokosmilch und Soja-Joghurtalterna-tive verrühren. Dann das Ganze abdecken und im Kühlschrank mindestens 2 Stunden ziehen lassen.

4. Getrocknete Gojibeeren vierteln, Erdbeeren, Sesam und Leinsamen hacken und vermengen. Die Birne waschen, trocken reiben und halbieren. Das Kern-gehäuse herausschneiden und die Hälften in feine Scheiben schneiden.

5. Das Müsli auf 4 Schüsseln verteilen. Die Beeren-Sa-men-Mischung darüber-streuen und mit der Birne garniert servieren.

Tipp

Anstelle der getrockneten Erdbeeren können natür-lich auch andere Trocken-früchte verwendet werden. Erlaubt ist, was schmeckt!

GERÖSTETES SCHOKO-WALNUSS- GRANOLA

FÜR 4 PERSONEN:

100 g Walnusskerne

50 g Kokosöl

100 g kernige Hafer-
flocken

50 g Kokosraspel

2 EL ungesüßtes
Kakaopulver

1 TL Zimtpulver

50 g Honig

50 g Bitterschokolade

ZUBEREITUNGSZEIT:
20 Min.

BACKZEIT:
2 ½ Std.

1. Den Backofen auf 180 Grad Umluft vorheizen. Walnüsse grob hacken. Kokosöl wenn nötig erwärmen, sodass es flüssig wird.

2. Gehackte Walnüsse mit Haferflocken und Kokosraspeln in eine große Schüssel geben und vermischen. Kakao, Zimt, Honig und Kokosöl hinzufügen und alles gründlich vermengen.

3. Ein Backblech mit Backpapier auslegen. Die Nuss-Haferflocken-Mischung daraufgeben und großzügig verteilen.

4. Dann das Ganze in den heißen Backofen schieben und die Mischung auf der mittleren Schiene ca. 2 ½ Stunden backen, bis alles knusprig ist. Dabei ab und zu vorsichtig wenden, damit das Granola nicht zu dunkel und von allen Seiten knusprig wird.

5. Nach Ende der Backzeit Granola aus dem Ofen nehmen und abkühlen lassen. Die Schokolade grob hacken. Sobald die Nuss-Flocken-Mischung handwarm ist, die Schokolade daruntermischen.

Tipp

Das Granola luftdicht in Gläser verpacken und aufbewahren oder gleich mit Milch, Joghurt oder Quark zum Frühstück genießen.

WALNUSS-ZITRONEN-BROT
MIT BLAUBEEREN

FÜR 1 BROT À CA. 20 SCHEIBEN:

130 g Walnusskerne

200 g Mehl (Type 405)

2 TL Backpulver

1 TL Natron

1 TL Salz

230 g Zucker

2 EL abgeriebene Zitronenschale (unbehandelt)

175 ml Buttermilch

2 Eier (Größe M)

1 EL Vanillezucker

2 EL Rapsöl

2 EL Butter

120 g Blaubeeren

Fett und Mehl für die Form

2 EL Zitronensaft, frisch gepresst

ZUBEREITUNGSZEIT:
30 Min.

BACKZEIT:
1 Std.

AUSKÜHLZEIT:
20 Min.

1. Die Walnüsse hacken, dann in eine Pfanne geben und ohne die Zugabe von Fett unter Rühren leicht braun anrösten. Den Backofen auf 180 Grad Ober- und Unterhitze (160 Grad Umluft) vorheizen.

2. In einer Rührschüssel Mehl mit Backpulver, Natron und Salz gründlich vermengen. In eine zweite Schüssel 200 g Zucker, abgeriebene Zitronenschale, Buttermilch, Eier, Vanillezucker und Rapsöl geben. Die Butter zerlassen und dann zum Zucker in die Schüssel geben. Das Ganze glatt verrühren.

3. In das Mehl eine Mulde drücken und die Zucker-Buttermilch-Mischung hineingeben. Alles vorsichtig verrühren, gerade so, dass es gut vermengt ist. Walnüsse und gewaschene Blaubeeren behutsam unterheben.

4. Eine Kastenform mit ca. 30 cm Länge ausfetten und dünn mit Mehl ausstäuben. Den Teig hineinfüllen und im heißen Ofen auf der mittleren Schiene 55–60 Minuten backen. Nach Ende der Backzeit 20 Minuten in der Form auskühlen lassen. Dann herauslösen und auf ein Kuchengitter setzen.

5. In einer kleinen Pfanne den übrigen Zucker mit Zitronensaft unter Rühren aufkochen, bis sich der Zucker vollständig aufgelöst hat. Die Glasur auf das noch leicht warme Brot streichen und fest werden lassen.

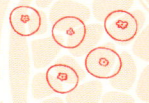

Tipp

Übrig gebliebene Buttermilch kann man sehr gut einfrieren und bei Bedarf wieder auftauen. Statt frischer Blaubeeren können Sie auch gefrorene Früchte verwenden. Sie sollten allerdings bei der Verarbeitung unaufgetaut sein.

AÇAIBEEREN-KONFITÜRE

FÜR 2 GLÄSER À CA. 250 ML:

400 g Açai-Fruchtpüree
1 Apfel (unbehandelt)
1 Orange
1 Zitrone
150 g Gelierzucker 3:1

ZUBEREITUNGSZEIT:
15 Min.

1. Das Açai-Fruchtpüree in einen Topf füllen. Den Apfel waschen, trocken reiben und vierteln. Das Kerngehäuse entfernen und das Fruchtfleisch auf der Küchenreibe raspeln. Zum Fruchtpüree in den Topf geben und gründlich unterrühren.

2. Orange und Zitrone halbieren und jeweils den Saft auspressen. Den Fruchtsaft mit Gelierzucker zum Fruchtpüree geben und alles gut miteinander vermengen.

3. Die Fruchtmischung unter Rühren zum Kochen bringen und ca. 4 Minuten sprudelnd kochen lassen. Dann die Gelierprobe machen. Dafür etwas von der Konfitüre auf einen kleinen Teller geben; wenn sie beim Schräghalten nicht zerläuft, ist sie fertig.

4. Die Konfitüre in 2 gründlich gereinigte und getrocknete, fest verschließbare Gläser füllen. Die Gläser verschließen und auf den Kopf stellen. So stehen lassen, bis die Konfitüre ausgekühlt ist.

Tipp

Die Konfitüre lässt sich auch mit Aroniabeeren zubereiten. Diese Beeren bekommt man hierzulande in gut sortierten Lebensmittelgeschäften auch mal frisch.

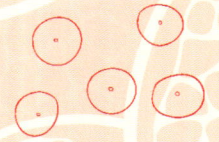

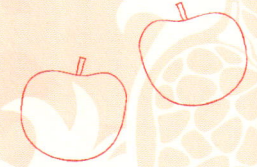

AVOCADO-SHAKE

FÜR 4 SHAKES:

2 Avocados

1 Limette

250 ml gekühltes Kokoswasser

250 ml gekühlte ungesüßte Kokosmilch

5 EL Crushed Ice

2 EL weißer Rohrzucker

ZUBEREITUNGSZEIT:

10 Min.

1. Die Avocados halbieren, die Steine entfernen und das Fruchtfleisch aus den Schalen lösen. Dann das Fruchtfleisch in Stücke schneiden. Die Limette halbieren und auspressen. Den Saft mit den Avocados vermengen.

2. Avocado-Limettensaft-Mischung in den Mixer geben. Kokoswasser, Kokosmilch, Crushed Ice und weißen Rohrzucker hinzufügen. Dann das Ganze kräftig zu einem cremigen Shake pürieren.

3. Den Avocadoshake in 4 Gläser füllen. Nach Belieben Strohhalme hineinstecken und die Shakes rasch servieren.

Tipp

Auch genial, vor allem morgens: ein Papaya-Wachmacher. Dafür das Fruchtfleisch von 1 reifen Papaya würfeln. Mit 1 l Buttermilch, 2 EL Honig und 2 EL Limettensaft fein pürieren. 1 walnussgroßes Stück Ingwer fein reiben, untermischen und alles nochmals aufschlagen.

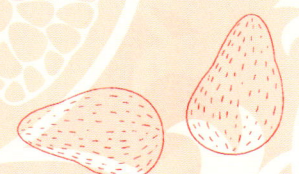

KIWI-RUCOLA-SMOOTHIE
MIT KOKOSWASSER

FÜR 4 SMOOTHIES:

1 Salatgurke
100 g Rucola
2 Kiwis
2 Bananen
200 ml Kokoswasser
1 TL Chlorella-Pulver
2 EL Ahornsirup
2 EL Chiasamen

ZUBEREITUNGSZEIT:
10 Min.

1. Die Gurke waschen, putzen und 4 Scheiben für die Garnitur abschneiden. Den Rest in grobe Stücke schneiden und dann in den Standmixer geben.

2. Rucola abbrausen und trocken schütteln. Ein wenig für die Garnitur beiseitelegen und den Rest zur Gurke in den Mixer geben.

3. Kiwis und Bananen schälen und in grobe Scheiben schneiden. Mit Kokoswasser, Chlorella, Ahornsirup und Chia ebenfalls in den Mixer geben.

4. Die Gemüse-Frucht-Mischung fein pürieren und nach Bedarf ein wenig kaltes Wasser ergänzen, bis die gewünschte Konsistenz erreicht ist. Den Smoothie in 4 Trinkschalen füllen und mit Gurkenscheiben und Rucola garniert servieren.

Tipp

Bei dem Smoothie sollten Sie unbedingt darauf achten, ganz frische und reife Zutaten zu verwenden. Nur so kann er dann auch seinen ganzen Geschmack entfalten.

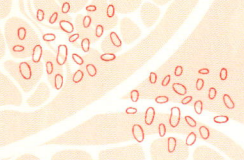

JOGHURT-SPIRULINA-
SHAKE

FÜR 4 SHAKES:

½ Zitrone

400 ml Milch

400 g Naturjoghurt

200 ml ungesüßte Kokosmilch

3 EL brauner Zucker

2 EL Spirulina-Pulver

2 EL Crushed Ice

ZUBEREITUNGSZEIT:

5 Min.

1. Den Saft der halbierten Zitrone auspressen. Dann den ausgepressten Zitronensaft mit Milch, Naturjoghurt und ungesüßter Kokosmilch in den Standmixer geben.

2. Zucker, Spirulina-Pulver und Crushed Ice zu den übrigen Zutaten geben und alles kräftig cremig aufmixen. In 4 kleine Flaschen füllen und mit Strohhalmen servieren.

Tipp

Milch, Joghurt und Kokosmilch sollten gekühlt sein, so wird der Shake besonders erfrischend.

Super ist auch ein Blaubeershake. Dafür 200 g Blaubeeren mit 2 EL braunem Rohrzucker bestreuen und kurz durchziehen lassen. Dann mit ca. 10 Minzeblättchen, 4 EL Schmelzflocken und 600 ml Buttermilch im Mixer cremig pürieren. Dann sofort servieren.

GRÜNER GOJI-SMOOTHIE

FÜR 4 SMOOTHIES:

1 Salatgurke
100 g Brunnenkresse
200 g frische Gojibeeren
2 reife Pfirsiche
10 Eiswürfel

ZUBEREITUNGSZEIT:
20 Min.

1. Die Gurke kalt waschen, trocknen und quer halbieren. Eine Hälfte längs vierteln und für die Garnitur beiseitelegen, die andere Hälfte klein schneiden. Brunnenkresse waschen, trocken tupfen und klein schneiden.

2. Gojibeeren waschen, abtropfen lassen und ein paar für die Garnitur beiseitelegen. Die Pfirsiche waschen, trocken reiben und halbieren. Die Steine entfernen und das Fruchtfleisch dann in kleine Stücke schneiden.

3. Gurke, Brunnenkresse, Gojibeeren und Pfirsiche in den Mixer geben. Die Eiswürfel zugeben und dann das Ganze pürieren. Dafür mit der niedrigsten Stufe beginnen und dann auf der Höchststufe alles cremig zerkleinern. Falls nötig, noch etwas Wasser untermixen.

4. Den Smoothie in 4 Gläser füllen. Mit den beiseitegelegten Gojibeeren bestreuen und die Gurkenviertel zum Umrühren in die Gläser geben. Rasch servieren.

Tipp

Normalerweise erhält man Gojibeeren getrocknet, in gut sortierten Supermärkten gibt es sie inzwischen aber auch immer häufiger frisch. Sollten Sie allerdings nur getrocknete Beeren bekommen, sollte man diese vor der Verarbeitung für mindestens 30–60 Minuten in kaltem Wasser einweichen.

GRÜNER SHAKE
MIT WALNÜSSEN

FÜR 4 SHAKES:

200 g Walnusskerne

2 reife Bananen

500 ml Mineralwasser

120 g Grünkohl

1 reife Birne

1 Prise Salz

200 g Naturjoghurt

etwas Honig oder Zitronensaft, frisch gepresst

ZUBEREITUNGSZEIT:
20 Min.

ZIEH- UND GEFRIERZEIT:
12 Std.

1. Die Walnusskerne in eine Schüssel geben und mit 500 ml kochendem Wasser übergießen. Abdecken und ca. 12 Stunden ziehen lassen.

2. Die Bananen schälen und in Stücke schneiden. In einen gefriergeeigneten Behälter geben und fest verschließen. Bananen für ca. 2 Stunden in den Gefrierschrank stellen.

3. Nach Ende der Ziehzeit die Walnüsse in ein Sieb gießen und abtropfen lassen. Anschließend mit dem Mineralwasser in den Mixer geben und alles ca. 5 Minuten pürieren.

4. Den Grünkohl waschen und trocken tupfen. Dann putzen, den festen Strunk der Blätter entfernen und die Blätter in grobe Stücke schneiden. Die Birne entkernen, schälen und grob klein schneiden.

5. Grünkohl, Birne, die gefrorenen Bananenstücke, Salz und Joghurt zu den Walnüssen in den Mixer geben. Das Ganze pürieren, bis ein cremiger Shake entstanden ist.

6. Den Shake nach Geschmack mit etwas Honig oder Zitronensaft abschmecken. Dann in 4 Gläser füllen und sofort servieren.

Tipp

Früchte, Wasser und Joghurt sollten gut gekühlt sein, dann schmeckt der Shake schön erfrischend.

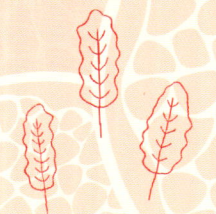

MATCHA LATTE

FÜR 4 DRINKS:

20 g Matcha-Pulver
200 ml Milch
etwas Matcha-Pulver
zum Bestäuben

ZUBEREITUNGSZEIT:
20 Min.

1. Matcha-Pulver in eine ausreichend große Schüssel geben. Ein wenig kaltes Wasser dazugeben und das Ganze mit einem Matcha-Besen oder mit einem kleinen Schneebesen glatt verrühren.

2. 800 ml Wasser auf 80–90 Grad erhitzen. Das Wasser zum Teepulver gießen und das Ganze mit dem Besen kräftig verrühren.

Den angerührten Matcha-Tee anschließend auf 4 Gläser verteilen.

3. Die Milch in einem kleinen Topf erhitzen und dann aufschäumen. Die flüssige Milch auf den Tee in den Gläsern gießen und zum Schluss den Milchschaum vorsichtig aufsetzen. Mit etwas Matcha-Pulver bestäuben und dann sofort servieren.

Tipp

Matcha, in guter Qualität, gilt als besonders gesundheitsfördernder Tee. Er stammt ursprünglich aus China, ist heute aber als typisch japanisches Getränk bekannt.

GRÜNTEE-LIMETTEN-DRINK

FÜR 4 DRINKS:

1 TL grüner Tee
7 Limetten (unbehandelt)
3 TL brauner Zucker
3 Stängel Minze
16 Eiswürfel
150 ml Mineralwasser

ZUBEREITUNGSZEIT:
15 Min.
KÜHLZEIT:
1 Std.

1. Den grünen Tee in einer Teekanne mit 300 ml kochendem Wasser überbrühen und ca. 3 Minuten ziehen lassen. Anschließend durch ein Sieb abgießen.

2. 6 Limetten auspressen und den Saft zum Tee geben. 1 TL braunen Zucker zugeben und auflösen. Das Ganze für mindestens 1 Stunde kalt stellen. Die restliche Limette heiß waschen und in Spalten schneiden.

3. Nach Ende der Kühlzeit die Minze kalt abbrausen und die Blättchen abzupfen. Die Blättchen auf 4 Gläser verteilen. Den übrigen Zucker hinzufügen und mit einem Stößel leicht andrücken.

4. Die Eiswürfel auf die vorbereiteten Gläser verteilen. Den Tee einfüllen und mit dem Mineralwasser aufgießen. Grüntee-Limetten-Drink mit den Limettenspalten garnieren und sofort servieren.

Tipp

Grünen Tee kennt man insbesondere aus Japan und China. Da dieser Tee nicht bzw. kaum fermentiert wird, wird ihm eine besonders große Heilwirkung zugeschrieben.

QUINOABREI
MIT GOJIBEEREN
Abb.
Seite 15

FÜR 4 PERSONEN:

200 g Quinoa

400 ml ungesüßte
Kokosmilch

1 Stück Zitronenschale
(unbehandelt)

Agavendicksaft nach
Geschmack

½ TL Zimtpulver

2 EL getrocknete
Gojibeeren

ZUBEREITUNGSZEIT:
10 Min.
QUELLZEIT:
15 Min.

1. Quinoa in ein Sieb geben und mit kaltem Wasser abbrausen. Dann abtropfen lassen.

2. Die Kokosmilch mit 200 ml Wasser und der Zitronenschale in einen ausreichend großen Topf geben und das Ganze aufkochen. Quinoa einrühren, den Deckel auflegen und bei milder Hitze 10–15 Minuten ausquellen lassen.

3. Die Zitronenschale aus dem Quinoabrei entfernen. Nach Geschmack mit Agavendicksaft süßen und dann auf 4 Schälchen verteilen. Mit Zimtpulver bestäuben und mit den Gojibeeren bestreuen. Dann rasch servieren.

Tipp

Dieser Frühstücksbrei lässt sich natürlich nach Lust und Laune variieren. So kann er auch mit Soja- oder Nussmilch zubereitet werden oder man gibt dem Ganzen zusätzliches Aroma, indem man ihn nicht nur mit Zimt bestreut, sondern in den Sud gleich noch 1 Zimtstange mit hineingibt. Und natürlich lassen sich die Gojibeeren mal durch andere Beeren ersetzen.

AVOCADO-PAPRIKA-
AUFSTRICH

FÜR 4 PERSONEN:

1 gelbe Paprikaschote
1 Bd. Schnittlauch
1 Limette (unbehandelt)
2 Avocados
100 g Seidentofu
2 EL Olivenöl
½ TL Honig
Salz
Cayennepfeffer
1 Kästchen Shisokresse
(ersatzweise Garten-
kresse)

ZUBEREITUNGSZEIT:
15 Min.

1. Paprikaschote waschen, putzen und in sehr feine Würfel schneiden. Schnittlauch waschen, trocken schütteln und in feine Röllchen schneiden. Limette heiß waschen und trocken reiben. Die Schale mit der Küchenreibe dünn abraspeln und den Saft auspressen.

2. Avocados halbieren, Steine entfernen und das Fruchtfleisch mithilfe eines Esslöffels aus den Schalen lösen. Das Fruchtfleisch sofort mit dem Limettensaft beträufeln.

3. Avocadofruchtfleisch, Seidentofu, Limettenschale, Olivenöl und Honig in einen hohen Rührbecher geben. Mit Salz und Cayennepfeffer würzen. Dann das Ganze fein pürieren.

4. Schnittlauchröllchen und die Hälfte der Paprikawürfel unter die Avocadomasse mengen. Den Aufstrich in eine Schale geben und mit den restlichen Paprikawürfeln bestreuen. Kresse vom Beet schneiden und ebenfalls darüberstreuen. Dann den Aufstrich servieren.

Tipp

Hierzu passt frisches Vollkornbrot oder Landbrot besonders gut. Achten Sie bei den Avocados unbedingt darauf, dass sie reif sind, nur so lassen sie sich mühelos pürieren. Und auch nur der Geschmack reifer Früchte ist aromatisch.

GRANATAPFEL-CHUTNEY

FÜR 2 GLÄSER À CA. 250 ML:

1 Granatapfel

1 Apfel

½ TL Senfsamen

½ TL Fenchelsamen

1 Scheibe frischer Ingwer

½ TL getrocknete Berberitzen

1 TL Rapsöl

1 Msp. Chilipulver

50 ml Apfelsaft

½ TL Sesamöl

½ Bd. Minze

1 Prise gemahlener Sternanis

1 TL Honig

Salz

Pfeffer aus der Mühle

ZUBEREITUNGSZEIT:
25 Min.

1. Granatapfel am Kelchansatz keilförmig anschneiden, die Frucht mit leichtem Druck auseinanderbrechen und die Kerne herauslösen. Dabei auch die weißen Häute entfernen.

2. Den Apfel schälen, vierteln und das Kerngehäuse entfernen. Das Fruchtfleisch in Würfel schneiden.

3. Senf- und Fenchelsamen in den Mörser geben und grob zerreiben. Ingwer schälen und fein hacken. Berberitzen ebenfalls fein hacken.

4. Rapsöl in einem Topf erhitzen und Senf- und Fenchelsamen darin anrösten. Granatapfelkerne, Apfelstücke, Ingwer, Berberitzen, Chilipulver und Apfelsaft zufügen und unter Rühren aufkochen.

5. Den Deckel auflegen und das Chutney bei milder Hitze ca. 5 Minuten leise köcheln lassen. Sesamöl einrühren und die Herdplatte ausschalten. Das Chutney etwas abkühlen lassen.

6. Minze kalt abbrausen, trocken schütteln und die Blättchen abzupfen, dann fein hacken. Minze, Sternanis und Honig unter das abgekühlte Chutney mengen. Mit Salz und frisch gemahlenem Pfeffer abschmecken und zur Aufbewahrung in fest verschließbare, gut gereinigte Gläser füllen.

Tipp

Dieses Chutney passt sehr gut zu gebratenem Fleisch und Geflügel oder auch zu Käse.

BRENNNESSEL-
BÄRLAUCH-
PESTO

1. Pinienkerne und Sonnenblumenkerne getrennt
voneinander in einer be-
schichteten Pfanne rös-
ten, bis sie duften. An-
schließend beiseitestellen.

2. Brennnesselspitzen waschen und trocken tupfen;
dabei am besten Hand-
schuhe tragen. Bärlauch
kalt abbrausen und tro-
cken tupfen. Parmesan
fein reiben.

3. Brennnesseln und Bärlauch in einen hohen

Rührbecher geben und
mit den Pinienkernen fein
pürieren. Nach und nach
so viel Olivenöl einfließen
lassen, bis ein sämiges
Pesto entsteht.

4. Den Parmesan untermischen und das Pesto mit
Salz, frisch gemahlenem
Pfeffer und wenig Zitro-
nensaft abschmecken.
Die Sonnenblumenkerne
untermischen und das
Pesto nach Belieben noch
mit etwas Crème fraîche
verfeinern.

Tipp

Einen Extrakick bekommt dieses Pesto, wenn man einen Teil
des Bärlauchs durch Koriander
ersetzt und zusätzlich noch
1 fein gehackte Chilischote
untermischt.

KOKOS-SPIRULINA-SNACK

FÜR 4 PERSONEN:

250 g Datteln
250 g Kokosraspel
2 EL Chiasamen
2 EL Spirulina-Pulver

ZUBEREITUNGSZEIT:
15 Min.
KÜHLZEIT:
2 Std.

1. Die Datteln der Länge nach halbieren und die Steine herauslösen. Mit Kokosraspeln, Chiasamen und Spirulina in den Standmixer oder in einen hohen Rührbecher geben.

2. Die Dattel-Kokos-Masse ganz fein zerkleinern. Das Ganze sollte gut formbar sein, daher nach Bedarf noch ein wenig kaltes Wasser ergänzen.

3. Die vorbereitete Masse auf einen Teller oder in eine flache Form geben und flach drücken. Abdecken und für mindestens 2 Stunden in den Kühlschrank stellen.

4. Die gekühlte Masse dann zum Servieren in Riegel schneiden. Alternativ nimmt man kleine Portionen ab und formt diese zu Bällchen.

Tipp

Auch super für zwischendurch: Kekse mit Walnuss, Kokos und Blaubeeren. Dafür in einer großen Schüssel 130 g gehackte und geröstete Walnüsse, 100 g Vollkornmehl, 75 g kernige Haferflocken, 90 g Kokosraspel, 50 g braunen Rohrzucker, 1 TL Zimtpulver und 1 Prise Salz gründlich vermischen. 120 g getrocknete Blaubeeren untermischen. 75 g Ahornsirup und je 2 EL Butter und Olivenöl vorsichtig erhitzen, bis die Butter geschmolzen ist. 1 TL Backpulver in 2 EL heißem Wasser auflösen und in die Butter-Öl-Mischung rühren. Mit den trockenen Zutaten verrühren.

Aus dem Teig Taler mit ca. 4 cm Durchmesser formen und diese auf ein mit Backpapier belegtes Blech setzen. Im auf 170 Grad Ober- und Unterhitze (150 Grad Umluft) vorgeheizten Ofen ca. 10 Minuten backen. Vor dem Servieren auskühlen lassen.

MÜSLIRIEGEL
MIT KOKOS, NÜSSEN UND TROCKENFRÜCHTEN

FÜR CA. 20 STÜCK:

250 g gemischte Nüsse

40 g getrocknete
Aprikosen

125 g Rosinen

50 g Kokosraspel

10 g kernige Hafer-
flocken

1 TL Zimtpulver

50 g Butter

100 g brauner Zucker

150 g Honig

2 TL Vanillezucker

2 EL Dinkelmehl

ZUBEREITUNGSZEIT:
35 Min.
BACKZEIT:
15 Min.

1. Gemischte Nüsse grob hacken und in eine Schüssel geben. Aprikosen in kleine Würfel schneiden und mit Rosinen, Kokosraspeln, Haferflocken und Zimt zu den Nüssen geben. Alles vermengen.

2. Den Ofen auf 180 Grad Ober- und Unterhitze (160 Grad Umluft) vorheizen. Ein Backblech mit Backpapier auslegen.

3. Die Butter in einem nicht zu kleinen Topf schmelzen. Braunen Zucker mit Honig und Vanillezucker dazugeben und unter Rühren schmelzen lassen. Unter ständigem Rühren ca. 2 Minuten leise köcheln lassen.

4. Nussmischung und Mehl gründlich in die Zucker-Honig-Mischung einrühren. Unter ständigem Rühren weitere 2 Minuten bei milder Hitze garen.

5. Anschließend die Mischung auf das Backblech geben und einen zweiten Bogen Backpapier darauflegen. Gleichmäßig zu einer ca. 1 cm dicken Platte flach drücken, am besten mithilfe eines Nudelholzes. Dann das obere Papier wieder abziehen.

6. Die Ränder der Nussmischung begradigen und dann das Blech in den vorgeheizten Backofen schieben. Das Ganze auf der mittleren Schiene in ca. 15 Minuten hellbraun backen.

7. Den gebackenen Teig nach Ende der Backzeit aus dem Ofen nehmen, mit dem Backpapier auf ein Kuchengitter ziehen und lauwarm abkühlen lassen. Mit einem großen Messer in ca. 20 Riegel schneiden und dann vollständig erkalten lassen.

Tipp

Die Müsliriegel sollten am besten in einer Dose aufbewahrt werden, so bleiben sie länger frisch.

BLUMENKOHL-
UND
BROKKOLICHIPS

FÜR 4 PERSONEN:

200 g Blumenkohl

200 g Brokkoli

2 EL helles Mandelmus

2 EL Zitronensaft, frisch gepresst

2 EL gemahlene Mandeln

Chiliflocken

Kreuzkümmelpulver

Salz

Chili- oder Paprikapulver rosenscharf zum Bestreuen

ZUBEREITUNGSZEIT:
25 Min.

TROCKENZEIT:
75 Min.

1. Backofen auf 100 Grad Umluft vorheizen. 2 Backbleche mit Backpapier belegen.

2. Blumenkohl und Brokkoli waschen und gut abtropfen lassen. In Röschen teilen und die dicken Stiele schälen. Stiele und Röschen in dünne Scheiben schneiden. Die anfallenden Krümel aufheben.

3. Mandelmus mit Zitronensaft, 2 EL Wasser, gemahlenen Mandeln, je 1 Prise Chiliflocken und Kreuzkümmel sowie ½ TL Salz glatt verrühren. Die Kohlkrümel unterrühren.

4. Blumenkohl- und Brokkolischeiben vorsichtig mit der Mandelmischung vermengen und auf den vorbereiteten Backblechen auslegen. In den heißen Ofen schieben und darin 60–75 Minuten trocknen lassen. Während dieser Zeit die Gemüsechips ein- bis zweimal wenden, damit sie gleichmäßig garen.

5. Nach Ende der Trockenzeit die beiden Bleche aus dem Ofen nehmen und das Gemüse vollständig abkühlen lassen. Nach Belieben mit Chili- oder Paprikapulver bestreuen und anschließend servieren.

Tipp

Nach diesem Prinzip lassen sich die unterschiedlichsten Gemüsechips zubereiten. Super schmecken beispielsweise auch Süßkartoffeln, Möhren, Pastinaken oder Zucchini. Einfach ausprobieren!

GRÜNKOHLCHIPS
MIT CHEDDAR

FÜR 4 PERSONEN:

1 mittelgroßer Kopf
Grünkohl
90 g Walnusskerne
40 g Cheddar
1 EL Dijonsenf

ZUBEREITUNGSZEIT:
30 Min.
BACKZEIT:
20 Min.

1. Den Ofen auf 180 Grad Ober- und Unterhitze (160 Grad Umluft) vorheizen. Die Stiele vom Grünkohl entfernen und die Blätter in mundgerechte Stücke zupfen. Blätter kalt abbrausen, trocken tupfen und beiseitestellen.

2. Walnüsse fein hacken und Cheddar reiben. Beides in den Mixer geben und mit Senf sowie 50 ml Wasser zu einer glatten Paste verarbeiten. In eine große Schüssel geben und die Grünkohlblätter dazugeben. Vorsichtig rühren, damit die Blätter rundum mit der Käsemischung bedeckt sind.

3. Dickere Klumpen der Nuss-Käse-Paste von den Grünkohlblättern entfernen. Es sollte nicht zu viel Paste auf den Blättern verbleiben, da sie sonst nicht richtig trocknen können.

4. Die Blätter auf einem mit Backpapier belegten Blech auslegen. Dabei zwischen den Blättern jeweils einen ca. fingerbreiten Abstand lassen. Das Blech auf die mittlere Schiene des heißen Ofens schieben und den Grünkohl 15–20 Minuten backen.

5. Nach Ende der Garzeit die Chips aus dem Ofen nehmen und vollständig auskühlen lassen. Die Chips sollten während des Backens nicht braun werden, da der Grünkohl sonst bitter schmeckt.

Tipp

Diese ausgefallenen Chips können auch gut vorbereitet und auf Vorrat gebacken werden. Sie halten sich in einem luftdichten Behälter ca. 1 Woche.

CURRY-LEINSAMEN-
CRACKER

FÜR CA. 15 STÜCK:

100 g Leinsamen

75 g kernige Haferflocken

75 g Sonnenblumenkerne

2 EL Sesamsamen

50 g Dinkelvollkornmehl

ca. 175 ml Gemüsebrühe

2 EL Rapsöl

2 TL Currypulver

Salz

Chilipulver

ZUBEREITUNGSZEIT:
15 Min.

RUHEZEIT:
15 Min.

BACKZEIT:
50 Min.

1. In einer Schüssel Leinsamen, Haferflocken, Sonnenblumenkerne, Sesam und Mehl vermengen. 175 ml Gemüsebrühe und Rapsöl unterrühren und mit Curry, Salz und Chili würzen.

2. Die Masse abdecken und ca. 15 Minuten ruhen lassen. Sie sollte sich gut verstreichen lassen, daher bei Bedarf noch etwas Gemüsebrühe ergänzen.

3. Den Backofen auf 160 Grad Umluft vorheizen. Die Crackermasse auf ein mit Backpapier belegtes Backblech geben und gleichmäßig dünn streichen.

4. Den Leinsamenteig im Ofen in ca. 40 Minuten goldbraun backen. Anschließend aus dem Ofen nehmen, leicht abkühlen lassen und in ca. 15 Stücke schneiden oder brechen.

5. Das Ganze wieder in den Ofen schieben und in 5–10 Minuten knusprig fertig backen. Aus dem Ofen nehmen, vom Blech lösen und auskühlen lassen.

Tipp

Auch super zum Knabbern: Walnüsse und Mandeln mit Ingwerglasur. Dafür 1 TL Butter zerlassen. 1 EL braunen Zucker, 1 EL Wasser, 1 TL geriebenen Ingwer, ½ TL Salz und 1 Msp. Ingwerpulver zugeben und köcheln lassen, bis sich der Zucker gelöst hat. Je 100 g Mandeln und Walnüsse einrühren und dann alles auf ein mit Backpapier belegtes Blech geben. Im 150 Grad heißen Ofen ca. 30 Minuten goldbraun backen und dabei einmal wenden. Dann auskühlen lassen und mit 100 g gehackten Trockenfrüchten vermengen.

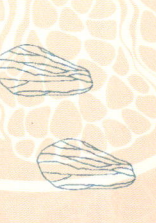

WÜRZIGE KNABBER-MANDELN

FÜR 4 PERSONEN:

250 g Mandelkerne
1 Zweig Rosmarin
½ TL Chiliflocken
½ TL Fleur de Sel

ZUBEREITUNGSZEIT:
35 Min.

1. In einem Topf ca. 1 l Wasser zum Kochen bringen. Mandeln hineingeben und 1–2 Minuten blanchieren. Anschließend die Mandeln in ein Sieb abgießen, mit kaltem Wasser abschrecken und aus den Häuten drücken.

2. Rosmarin abbrausen und trocken schütteln. Die Nadeln vom Zweig streifen und dann fein hacken.

3. Die Mandeln mit Küchenpapier trocken tupfen. In eine beschichtete Pfanne geben und goldbraun rösten. Zum Schluss Rosmarin mit Chiliflocken und Fleur de Sel unter die Mandeln schwenken.

4. Die Mandeln aus der Pfanne nehmen und in kleine Schalen geben. Vor dem Servieren vollständig auskühlen lassen.

Tipp

Ein weiterer würziger Mandel-Snack: Wasabi-Mandeln. Dafür 1 Eiweiß mit 1 EL Wasser so lange schlagen, bis es schaumig ist. 250 g ganze Mandeln gründlich untermischen und dann abtropfen lassen. 1 EL Wasabipulver, 1 TL Salz und 1 TL Speisestärke in einer Schüssel verrühren.

Die Mandeln gründlich in der Würzmischung wenden. Dann die Mandeln auf ein mit Backpapier belegtes Blech geben und im auf 130 Grad Ober- und Unterhitze vorgeheizten Ofen ca. 30 Minuten backen.

Danach die Mandeln wenden, die Temperatur auf 90 Grad reduzieren und weitere 20 Minuten backen. Die Mandeln vor dem Servieren vollständig auskühlen lassen.

ZWEIERLEI AUFSTRICHE

Abb. Seite 45

FÜR 4 PERSONEN:

Für die Rote-Bete-Meerrettich-Creme (Abb. S. 45 vorn):

100 g geschälte Mandelkerne

300 g Rote Bete

1 Zwiebel, 4 EL Olivenöl

2 EL Meerrettich (Glas)

100 ml Soja-Kochcreme Cuisine

1 EL Weißweinessig

Salz

Pfeffer

Zucker

ZUBEREITUNGSZEIT:
20 Min.
EINWEICHZEIT:
12 Std.
BACKZEIT:
40 Min.

Für den Möhren-Ingwer-Aufstrich (Abb. S. 45 hinten):

1 Zwiebel, 300 g Möhren

100 g Kartoffeln

1 EL Olivenöl

3 Kardamomkapseln

1 Sternanis

je 1 Msp. Kreuzkümmel- und Currypulver

1 EL geriebener Ingwer

100 ml Orangensaft

100 ml Gemüsebrühe

1 EL Honig

100 ml Soja-Kochcreme Cuisine

Salz, Pfeffer

ZUBEREITUNGSZEIT:
30 Min.
GARZEIT:
15 Min.

1. Für die Rote-Bete-Creme Mandeln über Nacht in Wasser einlegen. Danach den Ofen auf 170 Grad Ober- und Unterhitze (150 Grad Umluft) vorheizen. Rote Bete waschen, trocknen und in Alufolie wickeln. Auf ein Blech geben und ca. 40 Minuten backen. Danach auskühlen lassen, schälen und grob schneiden.

2. Mandeln abgießen und trocken tupfen. Zwiebel schälen und fein würfeln. 1 EL Öl in einer Pfanne erhitzen und Zwiebel darin anschwitzen. Die Mandeln kurz mit anschwitzen. Beides mit Roter Bete, Meerrettich, Soja-Kochcreme, restlichem Öl und Essig zu einer glatten Creme pürieren. Mit Salz, Pfeffer und Zucker abschmecken.

3. Für den Möhren-Ingwer-Aufstrich Zwiebel, Möhren und Kartoffeln schälen und grob würfeln. Das Öl in einem Topf erhitzen und die Zwiebel darin anschwitzen. Möhren und Kartoffeln 5 Minuten mitschwitzen. Kardamom, Sternanis, Kreuzkümmel, Curry, Ingwer, Orangensaft, Brühe und Honig zufügen. Einmal aufkochen lassen und dann bei kleiner Hitze ca. 15 Minuten schmoren.

4. Wenn das Gemüse weich ist, den Deckel abnehmen. Temperatur erhöhen und so lange köcheln lassen, bis die Flüssigkeit verkocht ist. Dabei mehrmals umrühren. Danach das Gemüse darin abkühlen lassen. Kardamomkapseln und Sternanis entfernen. Soja-Kochcreme zugeben und zu einer glatten Creme pürieren. Den Aufstrich mit Salz und Pfeffer abschmecken.

Salate & Suppen

GRÜNKOHL-SALAT
MIT GOJIBEEREN

FÜR 4 PERSONEN:

Für das Dressing:

6 Kumquats

1 Granatapfel

2 TL brauner Zucker

150 ml Orangensaft, frisch gepresst

Für den Salat:

50 ml naturtrüber Apfelsaft

5 EL getrocknete Gojibeeren

500 g Grünkohl

Salz

2 reife Avocados

2 EL Zitronensaft, frisch gepresst

ZUBEREITUNGSZEIT:

40 Min.

1. Kumquats waschen und trocken reiben. Zuerst in Scheiben schneiden und dann fein hacken. Granatapfel halbieren, dann die Schale nach innen drücken, die Kerne auslösen und den dabei austretenden Saft auffangen. Die weißen Häutchen von den Kernen entfernen.

2. Braunen Zucker in einen Topf geben und karamellisieren lassen. Kumquats und Granatapfelkerne zugeben und das Ganze mit Orangen- und Granatapfelsaft ablöschen. Diese Mischung bei mittlerer Hitze in ca. 10 Minuten sirupartig einköcheln lassen. Anschließend vom Herd ziehen und lauwarm abkühlen lassen.

3. Für den Grünkohlsalat Apfelsaft lauwarm erwärmen und die Gojibeeren darin einweichen. Grünkohl waschen, putzen und in kochendem Salzwasser 5–8 Minuten blanchieren. Abgießen und mit eiskaltem Wasser abschrecken. Feste Blattrippen herausschneiden und die Blätter mundgerecht klein zupfen oder schneiden.

4. Avocados halbieren, die Steine herauslösen und das Fruchtfleisch vorsichtig aus den Schalen lösen. Avocados in mundgerechte Stücke teilen und mit dem Zitronensaft vermengen.

5. Grünkohl mit Avocadowürfeln und den gut abgetropften Gojibeeren vermengen. Den Salat auf 4 Tellern anrichten und mit dem Kumquatdressing beträufeln. Dann rasch servieren.

Tipp

Grünkohl ist hierzulande ein typisches Wintergemüse, ist aber in weiten Teilen der Welt verbreitet. Er gehört zu den Lebensmitteln mit dem höchsten Vitamin-C-Gehalt.

FENCHEL-SPINAT-SALAT
MIT GRANATAPFEL

FÜR 4 PERSONEN:

400 g Fenchel

Salz

½ Zitrone

100 g Naturjoghurt

4 EL Olivenöl

Pfeffer aus der Mühle

1 säuerlicher Apfel
(unbehandelt)

100 g Babyspinat

50 g Walnusskerne

½ Granatapfel

ZUBEREITUNGSZEIT:
25 Min.

ZIEHZEIT:
30 Min.

1. Fenchel putzen und vierteln, dabei das Grün aufbewahren. Fenchel waschen, trocken tupfen und in dünne Streifen schneiden. Mit ½ TL Salz vermengen und ca. 15 Minuten durchziehen lassen.

2. Zitrone auspressen und den Saft mit Joghurt und Olivenöl glatt verrühren. Mit Salz und frisch gemahlenem Pfeffer abschmecken. Den Apfel waschen, trocken reiben und vierteln. Das Kerngehäuse entfernen und das Fruchtfleisch auf der Küchenreibe raspeln.

3. Fenchel nach Ende der Ziehzeit mit Küchenpapier abtupfen. Dann mit Apfel und Joghurtdressing vermengen. 15 weitere Minuten durchziehen lassen.

4. Spinat gründlich waschen, verlesen und abtropfen lassen, dann die Stiele abschneiden. Walnüsse grob hacken und in einer beschichteten Pfanne ohne die Zugabe von Fett rösten, bis sie duften.

5. Granatapfel nochmals halbieren. Die Kerne herauslösen und die weißen Innenhäute entfernen. Zum Herauslösen beispielsweise mit dem Rücken eines Esslöffels auf die Schale schlagen.

6. Nach Ende der Ziehzeit Spinat, Walnüsse und Granatapfelkerne locker mit Fenchel und Joghurtdressing vermengen. Alles abschmecken, dann auf Tellern anrichten und mit dem Fenchelgrün garniert servieren.

ZUCCHINI-NUDELN
MIT SPROSSEN UND AVOCADO

FÜR 4 PERSONEN:

4 Zucchini

2 EL Zitronensaft, frisch gepresst

2 EL weißer Balsamicoessig

6 EL Olivenöl

Salz

Pfeffer aus der Mühle

150 g Kräuterseitlinge

1 Handvoll gemischte Sprossen

2 Avocados

Thai-Basilikumblätter zum Garnieren

ZUBEREITUNGSZEIT:
30 Min.

ZIEHZEIT:
30 Min.

1. Zucchini waschen, putzen und trocken reiben. Mit dem Spaghettischneider in feine, lange Streifen schneiden.

2. 1 EL Zitronensaft mit Essig, 4 EL Olivenöl, Salz und frisch gemahlenem Pfeffer verrühren. Vorsichtig mit den Zucchininudeln vermengen und mindestens 30 Minuten ziehen lassen.

3. Die Kräuterseitlinge putzen und dann in Scheiben schneiden. Das übrige Olivenöl in einer Pfanne erhitzen und die Pilze darin unter häufigem Rühren goldbraun braten. Mit Salz und frisch gemahlenem Pfeffer würzen. Beiseitestellen und warm halten.

4. Die Sprossen in einem Sieb unter fließendem kaltem Wasser abbrausen und gut abtropfen lassen. Die Avocados halbieren, entsteinen, schälen und in dünne Scheiben schneiden. Mit dem übrigen Zitronensaft beträufeln.

5. Avocadoscheiben mittig auf 4 Tellern auslegen. Die Zucchini abschmecken und darauf anrichten. Die Pilze und Sprossen daraufgeben. Mit Thai-Basilikum garnieren und dann die Zucchininudeln rasch servieren.

Tipp

Je länger die Zucchini mit dem Dressing durchziehen, desto intensiver mariniert das Gemüse und wird außerdem weicher.

BRENNNESSEL-SALAT

FÜR 4 PERSONEN:

400 g Brennnessel-spitzen

2 Möhren

1 Scheibe frischer Ingwer

250 ml Gemüsebrühe

Salz

1 Stück Zitronenschale (unbehandelt)

1 kleiner Kopf grüner Salat

1 Bd. Basilikum

1 Zitrone

4 EL Olivenöl

ZUBEREITUNGSZEIT:
30 Min.

1. Die Brennnesselblätter kalt waschen und abtropfen lassen; dabei unbedingt Küchenhandschuhe tragen. Möhren schälen und der Länge nach in dünne Stifte schneiden. Ingwer schälen.

2. Gemüsebrühe in einen großen Topf geben und erhitzen. Brennnesseln und Möhren mit Ingwer hineingeben und dann das Ganze nach Geschmack leicht salzen. Zitronenschale zugeben. Deckel auflegen und den Sud bei milder Hitze 3 Minuten leise köcheln lassen.

3. Ein feines Sieb über eine Schüssel setzen und die Brennnesselblätter und Möhren hineingießen. Ingwer und Zitronenschale entfernen, Brennnesseln und Möhren auskühlen lassen. Der Sud wird für dieses Rezept nicht benötigt, er kann beispielsweise getrunken werden.

4. Den grünen Salat putzen, waschen und trocken tupfen. Die Blätter in mundgerechte Stücke zupfen. Basilikum abbrausen, trocken schütteln und die Blätter abzupfen.

5. Das gegarte Gemüse in eine Salatschale geben und grünen Salat mit Basilikumblättern zugeben. Die Zitrone auspressen. Den Saft mit Olivenöl verquirlen, über den Salat geben und alles vorsichtig vermengen. Nach Wunsch dann noch leicht mit Salz abschmecken.

Tipp

Brennnesseln können selbst gesammelt werden; dabei sollten aber unbedingt (Küchen-)Handschuhe getragen werden. Inzwischen erhält man sie aber auch in Biomärkten oder bei Biolandwirten.

QUINOASALAT
MIT ROTKOHL, INGWER UND SHRIMPS

FÜR 4 PERSONEN:

100 g Quinoa

Salz

2 Möhren

300 g Rotkohl

30 g frischer Ingwer

2 Knoblauchzehen

4 EL Olivenöl

Pfeffer aus der Mühle

100 ml Gemüsebrühe

400 g rohe küchen-
fertige Garnelen

50 ml Zitronensaft,
frisch gepresst

75 ml ungesüßte
Kokosmilch

Korianderblätter zum
Garnieren

Cashewkerne zum
Bestreuen

ZUBEREITUNGSZEIT:

30 Min.

1. Quinoa in eine Schüssel geben und mit kochendem gesalzenem Wasser über- brühen. Abdecken und ca. 10 Minuten quellen lassen. Anschließend in ein Sieb abgießen und gut abtrop- fen lassen.

2. Möhren schälen und in feine Juliennestreifen schneiden. Rotkohl put- zen, waschen und fein ho- beln. Ingwer schälen und auf einer Reibe fein ras- peln. Knoblauch abziehen und in dünne Scheiben schneiden.

3. 2 EL Olivenöl in einer Pfanne erhitzen und Möh- ren, Ingwer und Knob- lauch kurz darin andüns- ten. Rotkohl zugeben und das Ganze mit Salz und frisch gemahlenem Pfeffer würzen.

4. Das Gemüse mit der Brühe ablöschen. Den Deckel auf- legen und das Ganze bei milder Hitze ca. 3 Minuten leise köcheln lassen. Dann vom Herd ziehen und ab- kühlen lassen.

5. Garnelen waschen und trocken tupfen. Das rest- liche Öl in einer weiteren Pfanne erhitzen und die Garnelen darin rundum anbraten. Mit Zitronensaft und Kokosmilch ablöschen und vom Herd ziehen. Die Möhren-Kohl-Mischung untermengen. Etwas ab- kühlen lassen.

6. Quinoa unter Garnelen und Kohl mischen. Den Salat abschmecken und auf Tellern anrichten. Mit Korianderblättchen gar- nieren und mit Cashew- kernen bestreut servieren.

SOMMERLICHER SPROSSEN-SALAT

FÜR 4 PERSONEN:

Für den Salat:

150 g gemischte Sprossen (z. B. Alfalfa-, Rettich-, Radieschen-, Linsensprossen)

60 g Rucola

60 g junge Rote-Bete-Blätter

1 Handvoll essbare Blüten

Für das Dressing:

40 g Basilikumblättchen

1 EL Pinienkerne

2 Knoblauchzehen

ca. 80 ml Olivenöl

3 EL weißer Balsamicoessig

20 g Parmesan

Salz

Pfeffer aus der Mühle

ZUBEREITUNGSZEIT:
20 Min.

1. Für den Salat die gemischten Sprossen in ein Sieb geben, kalt abbrausen und gründlich abtropfen lassen. Rucola und Rote-Bete-Blätter waschen, trocken tupfen und verlesen. Nach Bedarf die Blätter etwas kleiner schneiden.

2. Die essbaren Blüten ganz vorsichtig mit etwas kaltem Wasser abbrausen und trocken tupfen. Dann nach Wunsch einen Teil davon in die einzelnen Blütenblätter zerlegen.

3. Sprossen, Rucola und Rote-Bete-Blätter locker vermengen. Auf 4 Teller verteilen und dekorativ mit den Blüten bestreuen.

4. Für das Dressing Basilikumblättchen abbrausen und trocken tupfen. Die Pinienkerne in einer kleinen Pfanne ohne die Zugabe von Fett anrösten, dann herausnehmen und wieder abkühlen lassen. Knoblauch schälen und grob würfeln.

5. Basilikum mit Pinienkernen, Knoblauch und 80 ml Olivenöl in einen hohen Rührbecher geben und mit dem Pürierstab fein pürieren. Dabei den Essig einfließen lassen. Parmesan fein reiben und unter das Dressing rühren.

6. Damit ein nicht zu festes Dressing entsteht, bei Bedarf noch ein wenig kaltes Wasser unterrühren. Zum Schluss mit Salz und mit frisch gemahlenem Pfeffer abschmecken. Das Pestodressing dann über den Sprossensalat träufeln und servieren.

LINSENSALAT
MIT ROTER BETE

FÜR 4 PERSONEN:

500 g Rote Bete
Salz
120 g Belugalinsen
2 Lorbeerblätter
600 ml Gemüsebrühe
150 g Blaubeeren
6 Stängel Koriander
1 EL Naturjoghurt
4 EL Zitronensaft, frisch
gepresst
1 TL mittelscharfer Senf
1 EL Weißweinessig
1 TL flüssiger Honig
Pfeffer aus der Mühle
2 EL Sonnenblumenöl
2 EL Pistazienkerne

ZUBEREITUNGSZEIT:
25 Min.
GARZEIT:
35 Min.
ZIEHZEIT:
30 Min.

1. Die Rote Bete waschen, putzen und ungeschält in einen Topf geben. Dann mit leicht gesalzenem Wasser bedecken, aufkochen und in ca. 35 Minuten bissfest garen. Nach Ende der Garzeit aus dem Wasser heben und abkühlen lassen. Dann schälen und in schmale Scheiben schneiden. Hierbei unbedingt Küchenhandschuhe tragen, da die Knollen stark färben.

2. Während die Rote Bete gart, Linsen mit Lorbeerblättern und Gemüsebrühe ebenfalls in einen Topf geben und zum Kochen bringen. Bei geschlossenem Deckel und milder Hitze in 15–20 Minuten bissfest garen. Anschließend in ein Sieb abgießen und abtropfen lassen. Die Lorbeerblätter entfernen.

3. Blaubeeren waschen, verlesen und in einem Sieb gründlich abtropfen lassen. Koriander kalt abbrausen, trocken schütteln, die Blättchen von den Stängeln zupfen und grob hacken.

4. Aus Joghurt, Zitronensaft, Senf und Weißweinessig ein glattes Dressing rühren und dieses mit Honig, Salz und frisch gemahlenem Pfeffer würzen. Dann das Sonnenblumenöl unterquirlen und das Dressing abschmecken.

5. Linsen und Rote Bete behutsam mit dem Dressing vermengen. Abdecken und mindestens 30 Minuten durchziehen lassen. Pistazien grob hacken.

6. Die Blaubeeren unter den Salat mengen. Den Linsensalat nochmals abschmecken und auf 4 Tellern anrichten. Mit Koriander und Pistazien bestreuen und servieren.

APFEL-SELLERIE-SUPPE
MIT MACA

FÜR 4 PERSONEN:

600 g Knollensellerie

200 g mehligkochende Kartoffeln

½ Zitrone

3 Äpfel (unbehandelt)

3 Zwiebeln

1 TL brauner Zucker

1 EL Mehl

4 EL Rapsöl

250 ml Apfelsaft

ca. 800 ml Gemüsebrühe

250 g Sojasahne

30 g Maca-Pulver

Salz

Pfeffer aus der Mühle

ZUBEREITUNGSZEIT:
35 Min.
GARZEIT:
20 Min.

1. Sellerie und Kartoffeln schälen und in kleine Würfel schneiden. Die Zitrone auspressen. 2 Äpfel waschen und trocken reiben. Dann vierteln und die Kerngehäuse entfernen. Das Fruchtfleisch in kleine Würfel schneiden und mit 1 EL Zitronensaft vermengen.

2. Alle Zwiebeln abziehen. 1 Zwiebel fein hacken, die übrigen in dünne Streifen schneiden. Zwiebelstreifen mit Zucker und Mehl vermischen.

3. 2 EL Öl in einer Pfanne erhitzen und die Zwiebelstreifen darin bei mittlerer Hitze ca. 10 Minuten goldbraun braten. Danach herausnehmen, warm halten und zur Seite stellen.

4. Übriges Öl in einem Topf erhitzen. Sellerie, Kartoffeln und Zwiebelwürfel darin anbraten. Apfelwürfel kurz mitbraten und das Ganze mit Apfelsaft ablöschen. Gemüsebrühe angießen, das Ganze aufkochen und den Deckel auflegen. Bei milder Hitze ca. 20 Minuten leise köcheln lassen.

5. Die Suppe nach Ende der Garzeit mit dem Pürierstab fein pürieren. Sojasahne und Maca-Pulver einrühren und dann das Ganze mit Salz, frisch gemahlenem Pfeffer sowie dem übrigen Zitronensaft würzen.

6. Die Apfel-Sellerie-Suppe nochmals aufkochen und abschmecken. Den übrigen Apfel waschen und trocken reiben, dann vierteln, entkernen und in Würfel schneiden. Die Suppe in Schalen füllen und mit Apfelwürfeln und Röstzwiebeln bestreut servieren.

KOKOSSUPPE
MIT GARNELEN

FÜR 4 PERSONEN:

500 g rohe geschälte Garnelen

500 g grüner Spargel

200 g Möhren

100 g Mungo-bohnensprossen

1 Stiel Zitronengras

1 Schalotte

1 Knoblauchzehe

30 g frischer Ingwer

1 rote Chilischote

2 EL Sojaöl

400 ml ungesüßte Kokosmilch

750 ml Gemüsebrühe

1 Bd. Koriander

2 EL Austernsoße

Salz

ZUBEREITUNGSZEIT:
30 Min.

GARZEIT:
25 Min.

1. Die Garnelen am Rücken entlang einschneiden und den schwarzen Darm entfernen. Garnelen unter fließendem kaltem Wasser waschen und mit Küchenpapier trocken tupfen.

2. Spargel waschen und die holzigen Enden abschneiden. Das untere Drittel schälen und die Stangen in ca. 3 cm lange Stücke schneiden. Die Möhren schälen und in Scheiben schneiden.

3. Mungobohnensprossen waschen und in einem Sieb abtropfen lassen.

Zitronengras waschen und die festen äußeren Blätter sowie die Enden entfernen. Den Stiel erst quer halbieren und dann längs aufschneiden.

4. Schalotte und Knoblauch abziehen und beides fein würfeln. Ingwer schälen und fein hacken. Chilischote putzen, waschen und mit den Kernen hacken.

5. Das Öl in einem Topf erhitzen und Schalotte, Knoblauch, Ingwer, Chili und Zitronengras darin andünsten. Mit Kokosmilch und Gemüsebrühe ablö-

schen. Den Sud aufkochen und ca. 15 Minuten leise köcheln lassen.

6. Zitronengras aus der Suppe entfernen. Spargel und Möhren in den Topf geben und ca. 5 Minuten garen. Garnelen und Sprossen dazugeben und weitere 3 Minuten mitgaren.

7. Koriander kalt abbrausen, trocken schütteln und die Blättchen abzupfen. Die Suppe mit Austernsoße und Salz abschmecken. Mit Koriandergrün bestreuen und dann heiß servieren.

LÖWENZAHN-SUPPE

FÜR 4 PERSONEN:

300 g mehligkochende Kartoffeln

1 Schalotte

1 Knoblauchzehe

1 EL Sonnenblumenöl

900 ml Gemüsebrühe

200 g TK-Erbsen

175 g Löwenzahn

4 Schwarzbrotstreifen

40 g Parmesan

2 EL Crème fraîche

Salz

Pfeffer aus der Mühle

Löwenzahnblätter zum Garnieren

ZUBEREITUNGSZEIT:
30 Min.

GARZEIT:
20 Min.

1. Die Kartoffeln schälen, mit kaltem Wasser waschen und in Würfel schneiden. Schalotte und Knoblauch abziehen und beides fein hacken.

2. Das Öl in einem Topf erhitzen und Schalotte mit Knoblauch darin anschwitzen. Die Kartoffeln zugeben, kurz andünsten und dann das Ganze mit der Gemüsebrühe ablöschen. Den Sud ca. 15 Minuten leise köcheln lassen.

3. Nach Ende der Garzeit die gefrorenen Erbsen in die Brühe geben. Die Suppe weitere ca. 5 Minuten bei milder Hitze köcheln lassen.

4. In der Zwischenzeit Löwenzahn unter fließendem kaltem Wasser waschen und trocken schütteln. Die Blätter verlesen und putzen. Etwas für die Garnitur beiseitelegen, den Rest grob hacken. Schwarzbrotstreifen rösten und den Parmesan reiben.

5. Löwenzahn in die Suppe geben, die Hitze ausschalten und das Ganze noch kurz durchziehen lassen. Dann die Suppe mit dem Pürierstab fein pürieren. Crème fraîche unterrühren und mit Salz und mit frisch gemahlenem Pfeffer abschmecken.

6. Die Löwenzahnsuppe in 4 Schälchen oder Suppenteller füllen. Mit je 1 Brotstreifen belegen und mit Parmesan bestreuen. Mit dem beiseitegelegten Löwenzahn garnieren und rasch heiß servieren.

Tipp

Gemüsebrühe lässt sich natürlich selbst machen. Dafür 1 Zwiebel, 1 Knoblauchzehe, 150 g Möhren, 100 g Petersilienwurzel, 1 Stange Lauch, ½ Knolle Sellerie, 1 Stange Sellerie und 2 Tomaten grob klein schneiden. 1 EL Öl in einem Topf erhitzen. Zuerst Zwiebel mit Knoblauch darin andünsten, dann das übrige Gemüse anschwitzen. 2 l Wasser angießen, mit 2 TL Salz würzen, 1 Lorbeerblatt und 5 Pfefferkörner zugeben und das Ganze ca. 1 Stunde leise köcheln lassen. Zum Schluss mit Muskatnuss abschmecken und durch ein Haarsieb gießen.

INGWERSUPPE
MIT GEMÜSE

FÜR 4 PERSONEN:

75 g frischer Ingwer

1 rote Paprikaschote

1 Möhre

600 g Pak Choi

1 Stange Sellerie mit Grün

1 Schwammgurke

2 EL Sojaöl

ca. 1 l Geflügelbrühe

200 g Glasnudeln

1 Limette

3 EL Sojasoße

4 Limettenschnitze zum Garnieren

ZUBEREITUNGSZEIT:
30 Min.

GARZEIT:
10 Min.

1. Den Ingwer schälen und fein hacken. Paprika putzen, waschen und in kleine Stücke schneiden. Die Möhre schälen und in dünne Scheiben schneiden. Pak Choi waschen und in Streifen schneiden.

2. Sellerie waschen und putzen. Das Grün zum Garnieren zur Seite legen, die Selleriestange klein würfeln. Die Gurke kalt waschen, schälen und in Scheiben schneiden.

3. Öl in einem Topf erhitzen. Den Ingwer hineingeben und andünsten. 1 l Geflügelbrühe angießen und dann das vorbereitete Gemüse dazugeben. Bei milder Hitze ca. 8 Minuten leise köcheln lassen.

4. Anschließend die Glasnudeln in die Suppe geben und ca. 2 Minuten mitgaren. Falls nötig, noch etwas Geflügelbrühe ergänzen. Limette auspressen. Die Suppe zum Schluss mit Limettensaft und Sojasoße abschmecken.

5. Die Ingwersuppe in 4 Suppenschalen geben. Mit dem beiseitegelegten Selleriegrün und den Limettenschnitzen garnieren und dann heiß servieren.

Tipp

Schwammgurken gehören zu den Luffa-Gurken, die insbesondere in Indien und China beliebt sind. Zum Verzehr eignen sich junge Gurken; Sie erhalten sie in Asialäden. Pak Choi, ein asiatischer Kohl, wird bei uns als Senf- oder Blätterkohl verkauft und erinnert an Mangold.

WEIZENGRAS-ZUCCHINI-SUPPE

FÜR 4 PERSONEN:

1 EL Wasabi-Macadamianüsse

1 EL Pistazienkerne

2 Schalotten

2 Knoblauchzehen

500 g Zucchini

2 kleine mehligkochende Kartoffeln

4 EL Rapsöl

600 ml Gemüsebrühe

Salz

Pfeffer aus der Mühle

Muskatnuss, frisch gerieben

4 EL Weizengraspulver

1 EL Sesamöl

ZUBEREITUNGSZEIT:
25 Min.
GARZEIT:
20 Min.

1. Macadamianüsse und Pistazien grob hacken und beiseitestellen. Schalotten und Knoblauch abziehen und fein hacken.

2. Zucchini waschen, putzen und in grobe Würfel schneiden. Die Kartoffeln schälen, waschen und in kleine Würfel schneiden.

3. Rapsöl in einem Topf erhitzen. Schalotten und Knoblauch kurz darin andünsten. Kartoffelwürfel und Zucchini dazugeben und 2 Minuten unter häufigem Rühren anschwitzen.

4. Die Gemüsebrühe angießen. Den Sud 15–20 Minuten leise köcheln lassen, bis das Gemüse weich ist. Dann mit Salz, frisch gemahlenem Pfeffer und frisch geriebener Muskatnuss würzen. Zum Schluss noch das Weizengraspulver einrühren.

5. Die Suppe pürieren und abschmecken. In vorgewärmte Suppenschalen geben und mit dem Sesamöl beträufeln. Mit den vorbereiteten Nüssen bestreuen und die Suppe heiß servieren.

Tipp

Natürlich lässt sich hier auch anderes Gemüse verwenden. Super eignen sich zusätzlich oder auch anstelle der Zucchini Erbsen, Brokkoli, Knollensellerie oder Spinat. Die Garzeiten müssen dann natürlich entsprechend angepasst werden. So gibt man Spinat erst ganz zum Schluss, kurz vor dem Pürieren, in die Suppe.

RAMEN-SUPPE
MIT ALGEN UND ROTER BETE

FÜR 4 PERSONEN:

2 Knollen Rote Bete

Salz

120 g eingelegte
Lotuswurzel

200 g Shiitakepilze

1 walnussgroßes Stück
frischer Ingwer

800 ml kräftige
Gemüsebrühe

2 EL Hoisinsoße

2 EL Sojasoße

250 g Ramen-Nudeln

6 Blätter Algen (z. B. Nori)

1 TL Matcha-Pulver

1 EL Sesamsamen

Korianderblätter zum
Garnieren

ZUBEREITUNGSZEIT:
25 Min.

GARZEIT:
35 Min.

1. Rote Bete waschen, putzen und mit Schale in einem Topf mit leicht gesalzenem Wasser bedecken. Aufkochen und die Knollen in ca. 35 Minuten bissfest garen. Anschließend aus dem Wasser nehmen, abkühlen lassen und dann schälen.

2. Lotuswurzel abtropfen lassen und in mundgerechte Würfel schneiden. Pilze putzen und in hauchdünne Scheiben schneiden. Ingwer schälen und hacken.

3. Gemüsebrühe mit Hoisinsoße, Sojasoße und dem Ingwer in einem Topf aufkochen lassen. Ramen-Nudeln in die köchelnde Brühe geben und darin ca. 4 Minuten garen.

4. Lotuswurzelstücke und Pilze in den Sud geben und das Ganze weitere 4 Minuten bei milder Hitze garen. Algen etwas kleiner schneiden, dazugeben und alles bei milder Hitze weitere 2 Minuten garen. Anschließend das Matcha-Pulver in die Suppe rühren.

5. Rote Bete in dünne Scheiben schneiden und in der Suppe erwärmen lassen. Ramen-Suppe in Schalen anrichten und mit Sesam bestreuen. Mit Koriander garnieren und dann die Ramen-Suppe rasch heiß servieren.

Tipp

Die Rote Bete sollte unbedingt mit Schale gekocht werden, ansonsten blutet sie im Wasser aus. Beim Schälen dann Küchenhandschuhe tragen, da die Knollen sehr stark färben.

GRÜNKOHL-SUPPE
MIT SESAM

FÜR 4 PERSONEN:

1 Zwiebel

1 Knoblauchzehe

250 g mehligkochende Kartoffeln

500 g Grünkohl

2 EL Rapsöl

ca. 1 l Gemüsebrühe

Salz

Pfeffer aus der Mühle

2 EL Sesamsamen

1 Bd. Petersilie

2 EL Tahin

etwas Zitronensaft, frisch gepresst

ZUBEREITUNGSZEIT:
25 Min.
GARZEIT:
20 Min.

1. Zwiebel und Knoblauch abziehen und hacken. Kartoffeln schälen, waschen und in Würfel schneiden. Grünkohl waschen, putzen und dabei harte Stiele entfernen. Die Blätter in Streifen schneiden.

2. Das Rapsöl in einem Topf erhitzen. Zwiebel und Knoblauch darin glasig anschwitzen. Dann Kartoffeln mit Grünkohl hineingeben und ca. 2 Minuten andünsten. Dabei ab und zu umrühren.

3. 1 l Gemüsebrühe zum Gemüse in den Topf gießen. Einmal aufkochen lassen und das Ganze mit Salz und frisch gemahlenem Pfeffer würzen. Dann den Deckel auflegen und den Sud bei milder Hitze ca. 20 Minuten leise köcheln lassen.

4. Den Sesam in eine beschichtete Pfanne geben und duftend rösten. Dabei ab und zu durchschwenken, damit die Samen nicht zu dunkel werden. Anschließend aus der Pfanne nehmen und abkühlen lassen.

5. Petersilie kalt abbrausen und trocken schütteln. Die Blättchen von den Stängeln zupfen und nach Ende der Garzeit zur Suppe geben. Grünkohlsuppe pürieren und dann noch durch ein Sieb in einen Topf passieren.

6. Die Suppe nochmals heiß werden lassen und Tahin einrühren. Zum Schluss mit Zitronensaft, Salz und frisch gemahlenem Pfeffer abschmecken. Auf Suppenschälchen verteilen und mit dem Sesam bestreut servieren.

FRUCHTIGER CHICORÉE-FENCHEL-SALAT

Abb.
Seite 65

FÜR 4 PERSONEN:

1 ½ Fenchelknollen

Salz

2 Kolben Chicorée

1 Nektarine

1 Apfel (unbehandelt)

100 g Blaubeeren

4 Stängel Minze

1 Limette (unbehandelt)

2 EL Weißweinessig

2 TL flüssiger Honig

1 TL mittelscharfer Senf

4 EL Traubenkernöl

Pfeffer aus der Mühle

2 EL Chiasamen

ZUBEREITUNGSZEIT:
30 Min.

1. Fenchel putzen, waschen und in 1–2 cm breite Streifen schneiden. Gesalzenes Wasser zum Kochen bringen und Fenchel darin ca. 2 Minuten blanchieren. Dann abgießen, abschrecken und abtropfen lassen. Chicorée putzen, waschen und trocken tupfen. In die einzelnen Blätter zerteilen und diese in 1–2 cm breite Streifen schneiden.

2. Nektarine waschen und trocken reiben. Dann halbieren, den Stein entfernen und das Fruchtfleisch in Würfel schneiden. Den Apfel waschen und trocken reiben. Vierteln, das Kerngehäuse entfernen und das Fruchtfleisch ebenfalls in Würfel schneiden. Die Blaubeeren waschen und gut abtropfen lassen.

3. Minze kalt abbrausen, trocken schütteln und die Blättchen von den Stängeln zupfen. Limette heiß waschen, trocken reiben und die Schale in Zesten ablösen. Limette halbieren und auspressen.

4. Fenchel, Chicorée, Nektarine, Apfel und Blaubeeren in eine Salatschüssel geben und mischen. Minzeblättchen darübergeben.

5. Für das Dressing Limettensaft mit Essig, Honig und Senf glatt verrühren. Das Traubenkernöl unterquirlen und das Dressing mit Salz und mit frisch gemahlenem Pfeffer abschmecken. Dann mit den Limettenzesten über den Salat geben. Chiasamen darübersteuen und den Salat servieren.

Haupt-
gerichte

LINSEN MIT ROSENKOHL

FÜR 4 PERSONEN:

300 g Champagnerlinsen

1 Bd. Suppengrün

1 Zwiebel

30 g pflanzliche Margarine

700 ml Gemüsebrühe

450 g Rosenkohl

Salz

1 Prise Natron

200 g Cocktailtomaten

6 Zweige Thymian

Pfeffer aus der Mühle

4 EL Olivenöl

ZUBEREITUNGSZEIT:
35 Min.

GARZEIT:
35 Min.

1. Linsen in ein Sieb geben, gründlich mit kaltem Wasser abbrausen und abtropfen lassen. Das Suppengrün putzen, bei Bedarf schälen, waschen und dann alles in kleine Würfel schneiden. Zwiebel schälen und fein hacken.

2. Margarine in einem Topf erhitzen. Die Linsen mit Suppengrün und Zwiebel dazugeben und darin andünsten. Mit der Gemüsebrühe ablöschen und zum Kochen bringen. Dann die Hitze reduzieren, den Deckel auflegen und die Linsen in ca. 35 Minuten garen, bis sie noch leichten Biss haben.

3. In der Zwischenzeit den Rosenkohl putzen und waschen. Gesalzenes Wasser zum Kochen bringen, Natron dazugeben und den Rosenkohl hineingeben. Die Röschen ca. 10 Minuten garen. Anschließend in eiskaltem Wasser abschrecken und gründlich abtropfen lassen.

4. Cocktailtomaten waschen, trocken tupfen und halbieren. Thymian kalt abbrausen, trocken schütteln und die Blättchen von 2 Zweigen abzupfen.

5. 5 Minuten vor Ende der Garzeit der Linsen Rosenkohl, Cocktailtomaten und die Thymianblättchen dazugeben. Mit Salz und mit frisch gemahlenem Pfeffer abschmecken.

6. Nach Ende der Garzeit das Linsengemüse in tiefen Tellern anrichten. Mit Olivenöl beträufeln und mit dem restlichen Thymian garniert servieren.

Tipp

Das Natron im Kochwasser für den Rosenkohl sorgt dafür, dass die Röschen schön grün bleiben.

PUTENPFANNE
MIT DREIERLEI KOHL

FÜR 4 PERSONEN:

250 g Langkornreis
3 EL Rosinen
600 g Putenbrustfilet
1 kleine Knolle frischer Ingwer
2 kleine rote Chilischoten
1 EL Koriandersamen
½ Kopf Wirsing
½ Kopf Weißkohl
½ Kopf Rotkohl
1 EL Butterschmalz
300 ml Geflügelfond
1 EL Speisestärke
Salz
Pfeffer aus der Mühle
½ Bd. Petersilie

ZUBEREITUNGSZEIT:
40 Min.

1. Reis waschen und mit 500 ml Wasser und den Rosinen in einen Topf geben. Nach Packungsangabe zubereiten.

2. Putenbrust kalt waschen, trocken tupfen und in feine Streifchen schneiden. Ingwer schälen und auf der Küchenreibe fein raspeln. Die Chilischoten der Länge nach halbieren, entkernen und waschen. Dann in schmale Streifen schneiden. Koriandersamen im Mörser zerstoßen.

3. Wirsing, Weißkohl und Rotkohl zerteilen, vom Strunk befreien und blättrig schneiden. In ein Küchensieb geben, mit kaltem Wasser abbrausen und gründlich abtropfen lassen.

4. Butterschmalz in einer großen Pfanne zerlassen.

Putenbrust hineingeben und rundum scharf anbraten, dann herausnehmen. Ingwer, Chili und Koriander in der Pfanne kurz anrösten. Dann den vorbereiteten Kohl hinzufügen und 2–3 Minuten anschwitzen.

5. Geflügelfond angießen und das Ganze ca. 8 Minuten bei milder Hitze leise köcheln lassen. Speisestärke in sehr wenig kaltem Wasser klümpchenfrei anrühren und in den Fond einrühren, damit er bindet. Das Fleisch wieder zugeben und alles mit Salz und frisch gemahlenem Pfeffer abschmecken.

6. Petersilie kalt abbrausen, trocken schütteln und die Blättchen hacken, dann unter den Reis mischen. Rosinenreis zur Putenpfanne servieren.

GEMÜSEPFANNE
MIT MANGO-CHILI-SALSA
UND AVOCADODIP

FÜR 4 PERSONEN:

Für die Salsa:

½ reife Mango

2 rote Chilischoten

2 EL Zitronensaft, frisch
gepresst, Salz

Für die Gemüsepfanne:

150 g weiße Bohnen (Glas)

2 Zucchini

1 gelbe Paprikaschote

1 rote Paprikaschote

1 Stange Sellerie

2 Tomaten

5 Stängel Petersilie

3 EL Olivenöl

120 ml Gemüsebrühe

Kreuzkümmelpulver

Salz, Pfeffer

etwas Zitronensaft, frisch
gepresst

Für den Avocadodip:

1 Avocado

3 EL Zitronensaft, frisch
gepresst

1 EL Soja-Joghurt-
alternative natur

Salz, Pfeffer

ZUBEREITUNGSZEIT:
50 Min.

1. Für die Salsa Mango schälen, das Fruchtfleisch vom
Stein lösen und klein würfeln. Chilischoten halbieren, entkernen, waschen
und hacken. Mango mit
der Chili mischen und mit
Zitronensaft und etwas
Salz abschmecken. Zuge-
deckt ziehen lassen.

2. Für die Gemüsepfanne die
weißen Bohnen abgießen
und abtropfen lassen.
Zucchini waschen, putzen
und in mundgerechte Stü-
cke schneiden. Paprika
halbieren, putzen, waschen
und würfeln. Sellerie wa-
schen, putzen und in
dünne Scheiben schneiden.

3. Tomaten waschen, putzen
und das Fruchtfleisch
würfeln. Petersilie abbrausen, trocknen und die
Blättchen in feine Streifen
schneiden.

4. Für den Dip die Avocado
halbieren, den Stein ent-
fernen, das Fruchtfleisch
aus der Schale lösen und
zerdrücken. Mit Zitronen-
saft und Soja-Joghurtalternative verrühren. Mit Salz
und Pfeffer abschmecken.

5. Öl in einer weiten Pfanne
erhitzen. Zucchini, Paprika
und Sellerie darin bei mittlerer Hitze andünsten.
Bohnen zugeben, kurz mit-

garen und mit der Brühe
aufgießen. Die Tomaten
untermengen und alles
unter gelegentlichem Rüh-
ren bei milder bis mittlerer
Hitze weitere 4 Minuten
garen. Die Flüssigkeit soll
dabei möglichst vollstän-
dig verkochen.

6. Die Gemüsepfanne mit
Kreuzkümmel, Salz, Pfeffer
und etwas Zitronensaft abschmecken. Auf 4 Tellern
anrichten und jeweils et-
was Mango-Chili-Salsa und
Avocadodip daraufgeben.
Mit Petersilie bestreuen
und dann heiß servieren.
Übrige Salsa und Dip separat dazu reichen.

LACHSFILET MIT PAPAYA

FÜR 4 PERSONEN:

8 Lachsfilets (à ca. 80 g)
1 Papaya
2 Limetten (unbehandelt)
Salz
Pfeffer aus der Mühle
4 Stängel Zitronenmelisse
8 Curryblätter
50 g gemischte Sprossen
3 EL Olivenöl

ZUBEREITUNGSZEIT:
30 Min.

1. Das Lachsfilet waschen und mit Küchenpapier trocken tupfen. Papaya längs halbieren und mit einem kleinen Löffel die Kerne entfernen. Dann die Papaya schälen und in Spalten schneiden.

2. 1 Limette heiß waschen, trocken reiben und in dünne Spalten schneiden, die übrige Limette auspressen. Die Papayascheiben mit etwas Saft beträufeln und mit ein wenig Salz und Pfeffer übermahlen.

3. Zitronemelisse kalt abbrausen, trocken schütteln und die Blättchen abzupfen. Die Curryblätter kalt waschen und trocken schütteln. Die Sprossen in ein Sieb geben, kalt abbrausen und gut abtropfen lassen.

4. Den Lachs mit Salz und frisch gemahlenem Pfeffer würzen. Olivenöl in einer Pfanne erhitzen und den Fisch darin von beiden Seiten jeweils ca. 2 Minuten glasig braten. Alternativ den Lachs rundum mit Olivenöl bestreichen und dann auf dem Grill braten.

5. Den Lachs mit der Papaya auf 4 Tellern anrichten. Mit den vorbereiteten Kräutern, Sprossen und Limettenspalten garnieren. Danach sofort noch heiß servieren.

Tipp

Wer noch eine Beilage hierzu möchte, serviert dünne gebratene Reisnudeln dazu. Die können beispielsweise mit etwas Sojasoße, gehacktem Chili und frisch gehacktem Koriander abgeschmeckt werden. Außerdem noch gehackte und geröstete Cashewkerne unterheben.

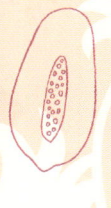

KURKUMA-REIS
MIT GRANATAPFELSALSA

FÜR 4 PERSONEN:

1 Zwiebel
1 EL Butterschmalz
250 g Basmatireis
Salz
2 TL Kurkumapulver
200 g Keniabohnen
150 g frische Erbsen ohne
Schoten
1 Möhre
5 Stängel Minze
½ Granatapfel
5 EL Rapsöl
50 g Cashewkerne
Pfeffer aus der Mühle

ZUBEREITUNGSZEIT:
30 Min.
GARZEIT:
20 Min.

1. Die Zwiebel abziehen und in kleine Würfelchen schneiden. Butterschmalz in einem Topf zerlassen und den Basmatireis mit der Hälfte der Zwiebelwürfel darin glasig anschwitzen.

2. Den Reis salzen und das Kurkumapulver dazugeben. 500 ml Wasser angießen und zum Kochen bringen. Den Deckel auflegen und bei sehr milder Hitze ca. 15 Minuten ganz leise köcheln lassen. Dann vom Herd ziehen und zugedeckt in ca. 5 Minuten ausquellen lassen.

3. Während der Reis gart, Keniabohnen waschen, putzen und klein schneiden. Die Erbsen in einem Sieb mit kaltem Wasser abbrausen und abtropfen lassen. Möhre schälen und fein würfeln.

4. Minze kalt abbrausen, trocken tupfen und die Blätt-chen in Streifen schneiden. Granatapfelkerne vorsichtig aus der Schale brechen, dabei die Häutchen entfernen. Die Kerne mit den restlichen Zwiebelwürfeln und der Hälfte der Minze vermischen.

5. Rapsöl in einer großen Pfanne erhitzen. Bohnen, Erbsen, Möhre und Cashewkerne darin bei mittlerer Hitze unter gelegentlichem Wenden ca. 10 Minuten braten. Anschließend mit Salz und frisch gemahlenem Pfeffer würzen.

6. Die Gemüsemischung unter den Kurkumareis heben. Auf 4 Tellern anrichten und jeweils 1–2 EL der Granatapfelsalsa darauf verteilen. Mit den restlichen Minzestreifen bestreuen und danach rasch servieren. Die übrige Granatapfelmischung separat dazu reichen.

GEBACKENER KÜRBIS
MIT HANFKRUSTE

FÜR 4 PERSONEN:

2 kleine Hokkaidokürbisse

6 EL Olivenöl

2 TL Zitronensaft, frisch gepresst

Kräutersalz

1 Bd. Petersilie

1 Bd. Thymian

2 Knoblauchzehen

80 g Bergkäse

100 g Butter, weich

4 EL Paniermehl

4 EL Speisehanf

2 TL abgeriebene Zitronenschale (unbehandelt)

Pfeffer aus der Mühle

Muskatnuss, frisch gerieben

Cayennepfeffer

ZUBEREITUNGSZEIT:
45 Min.
GARZEIT:
20 Min.

1. Den Ofen auf 220 Grad Ober- und Unterhitze (200 Grad Umluft) vorheizen. Kürbisse waschen und trocken reiben. Die Stiel- und Blütenansätze entfernen, anschließend die Kürbisse vierteln und Kerne und Fasern herauskratzen.

2. Die Kürbisstücke auf ein mit Alufolie belegtes Backblech setzen. Dabei die Folienränder nach oben biegen, sodass eine Art Schiffchen entsteht, in dem diese Kürbisse fixiert sind.

3. Olivenöl und Zitronensaft vermengen und die Kürbisstücke damit einstreichen. Das Fruchtfleisch mit Kräutersalz bestreuen und die Kürbisse in den heißen Backofen schieben. Auf der mittleren Schiene ca. 15 Minuten backen.

4. In der Zwischenzeit Petersilie und Thymian kalt abbrausen, trocken schütteln, die Blättchen abzupfen und ganz fein hacken. Knoblauch abziehen und fein hacken. Den Bergkäse auf der Küchenreibe fein raspeln.

5. Butter mit den Kräutern, Paniermehl, Hanf, abgeriebener Zitronenschale und Knoblauch glatt vermengen. Den Käse untermischen und die Masse mit frisch gemahlenem Pfeffer, frisch geriebener Muskatnuss und Cayennepfeffer abschmecken.

6. Diese Masse in die Kürbisstücke füllen und leicht andrücken. Wieder in den Backofen schieben und unter dem Backofengrill in ca. 5 Minuten knusprig gratinieren.

Tipp

Als Beilage passt beispielsweise
ein aromatischer Kräuterquark,
ein knackiger grüner Salat oder
ein cremiges Risotto. Wenn man
dieses Gericht nur als Beilage
serviert, reicht die Hälfte.

NUDELN
MIT WIRSING, FETA UND MORINGA

FÜR 4 PERSONEN:

400 g Wirsing
200 g Cocktailtomaten
1 Schalotte
2 EL Rapsöl
Salz
Pfeffer aus der Mühle
400 ml Gemüsebrühe
400 g Bandnudeln
3 EL Cashewkerne
100 g Feta
100 g Sahne
1 EL Moringa-Pulver

ZUBEREITUNGSZEIT:
35 Min.

1. Wirsing putzen, waschen und gründlich abtropfen lassen. Danach die Blätter in 1–2 cm breite Streifen schneiden. Die Tomaten waschen und halbieren. Schalotte schälen und fein hacken.

2. Das Rapsöl in einer großen beschichteten Pfanne erhitzen und die Schalotte darin glasig andünsten. Wirsing zugeben und kurz mit andünsten.

3. Den Wirsing mit Salz und frisch gemahlenem Pfeffer würzen. Mit Gemüsebrühe aufgießen und den Deckel auflegen. Ca. 10 Minuten bei milder Hitze weich dünsten.

4. In der Zwischenzeit reichlich gesalzenes Wasser in einem ausreichend großen Topf zum Kochen bringen. Die Bandnudeln darin nach Packungsangabe bissfest garen und anschließend abgießen.

5. Cashewkerne in eine beschichtete Pfanne geben und ohne die Zugabe von Fett goldbraun rösten. Danach herausnehmen und grob hacken. Den Feta zerbröckeln.

6. Den fertig gegarten Wirsing mit der Sahne aufgießen. Moringa-Pulver einrühren und die Soße abschmecken. Nudeln und Tomaten unterheben und das Ganze auf 4 Tellern anrichten. Mit zerbröckeltem Feta und Cashewkernen bestreuen und rasch servieren.

CHA CA LA VONG

FÜR 4 PERSONEN:

800 g Heilbuttfilet

4 Knoblauchzehen

20 g Ingwer

5 EL Kurkumapulver

50 g Naturjoghurt
(10 % Fett i. Tr.)

2 große Zwiebeln

1 rote Chilischote

Öl zum Frittieren

1 großes Bd. Dill

ZUBEREITUNGSZEIT:
35 Min.

1. Fischfilet kalt abspülen, trocken tupfen und in mundgerechte Scheiben schneiden.

2. Knoblauch schälen und durch die Presse drücken. Ingwer schälen und reiben. Mit Knoblauch, Kurkuma und Joghurt verrühren. Den Fisch zur Joghurtmischung geben, alles gut vermengen und ca. 5 Minuten marinieren.

3. Zwiebeln schälen, halbieren und längs in sehr feine Streifen schneiden. Chilischote längs halbieren, unter fließendem Wasser entkernen, weiße Innenhäute entfernen und die Schote fein würfeln.

4. Reichlich Öl in einer hohen Pfanne erhitzen und die Fischstücke darin 3 Minuten frittieren. Anschließend die Zwiebeln und die Chilischote zugeben und 1–2 Minuten mitfrittieren.

5. Fisch und Gemüse mit einer Schaumkelle aus dem heißen Öl heben. Dann nach Wunsch auf Küchenpapier etwas entfetten lassen.

6. Dill waschen, trocken schütteln und hacken, dabei grobe Stielenden entfernen. Kurz vor dem Servieren den Dill zum Fisch geben. In Schälchen anrichten und dann heiß servieren.

Tipp

Dieses Gericht stammt aus Hanoi, der Hauptstadt Vietnams, und wird dort oftmals direkt am Tisch der Gäste zubereitet.

HÄHNCHEN
MIT SCHOKOLADENSOSSE

FÜR 4 PERSONEN:

250 g Langkornreis

4 Hähnchenbrustfilets
(à ca. 160 g)

1 l Geflügelbrühe

2 kleine rote Chilischoten

1 Zwiebel

400 g geschälte Tomaten
(Dose)

½ Bd. Koriander

2 EL Sesamsamen

1 EL Rapsöl

40 g Erdnusskerne

60 g Mandelkerne

40 g Rosinen

75 g Bitterschokolade

Salz

gemahlene Gewürznelken

1 Prise Zucker

Zimtpulver

ZUBEREITUNGSZEIT:
40 Min.
GARZEIT:
30 Min.

1. Den Reis nach Packungs-angabe garen. Das Hähn-chen kalt abbrausen. Ge-flügelbrühe in einem Topf zum Kochen bringen und die Hähnchenbrustfilets hineingeben. Ca. 10 Minu-ten bei milder Hitze darin simmern lassen. Dann zu-gedeckt vom Herd nehmen und in weiteren ca. 20 Mi-nuten gar ziehen lassen.

2. In der Zwischenzeit für die Soße Chilischoten halbie-ren, putzen, waschen und fein hacken. Zwiebel schä-len und fein würfeln. Die Tomaten abtropfen lassen und dabei den Saft auffan-gen. Von der Geflügelbrühe im Topf 250 ml abnehmen.

3. Koriander abbrausen, trocknen und die Blättchen grob hacken. Sesam in einer Pfanne rösten; dabei häufig durchschwenken, damit er nicht verbrennt.

4. Das Öl in einem Topf erhit-zen und Zwiebel mit Chili darin glasig anschwitzen. Abgetropfte Tomaten mit Erdnüssen, Mandeln, Rosi-nen, etwas aufgefange-nem Tomatensaft und der abgenommenen Geflügel-brühe dazugeben. Den Tomatensud bei milder Hitze ca. 15 Minuten leise köcheln lassen. Ab und zu umrühren und die Toma-ten zerdrücken.

5. Nach Ende der Garzeit die Soße fein pürieren. Bei Bedarf noch etwas einko-chen lassen oder Toma-tensaft oder Geflügel-brühe ergänzen, bis eine cremige Konsistenz er-reicht ist. Den Topf vom Herd nehmen.

6. Die Schokolade hacken und unter Rühren zur hei-ßen Soße geben. So lange rühren, bis die Schokolade geschmolzen ist. Mit Salz, Nelken, Zucker und Zimt abschmecken.

7. Hähnchen aus der Brühe nehmen und klein zerpflü-cken. Mit dem Reis auf einer Platte anrichten. Die Soße über das Hähnchen geben und mit Sesam be-streuen. Reis mit Korian-der bestreuen und dann heiß servieren.

KURKUMA-SPAGHETTI
MIT BLATTSPINAT

FÜR 4 PERSONEN:

370 g junger Blattspinat
60 g Walnusskerne
1 Stiel Zitronengras
Salz
2 EL Kurkumapulver
400 g Spaghetti
120 g Cocktailtomaten
1 Knoblauchzehe
40 g Parmesan
4 EL Olivenöl
Pfeffer aus der Mühle
etwas Zitronensaft, frisch
gepresst

ZUBEREITUNGSZEIT:
30 Min.

1. Blattspinat gründlich waschen, verlesen und dann gut abtropfen lassen. Walnüsse grob hacken und in einer kleinen beschichteten Pfanne rösten.

2. Zitronengras waschen, trocken reiben und die Enden und äußeren Blätter entfernen. Dann den Stiel mit einem schweren Messerrücken flach klopfen, damit sich das Aroma entfalten kann.

3. 4 l Wasser in einen großen Topf geben. ½ TL Salz mit Kurkuma und Zitronengras hinzufügen und das Wasser zum Kochen bringen. Spaghetti hineingeben und nach Packungsangabe garen.

4. Die Cocktailtomaten mit kaltem Wasser waschen und trocken reiben. Knoblauch schälen und Parmesan reiben.

5. Olivenöl in einer großen Pfanne erhitzen. Tomaten darin bei großer Hitze 1–2 Minuten unter Rühren anbraten. Knoblauch dazupressen. Dann den Blattspinat zugeben und unter Wenden kurz zusammenfallen lassen. Zum Schluss das Ganze mit Salz, frisch gemahlenem Pfeffer und einigen Spritzern Zitronensaft abschmecken.

6. Spaghetti nach Ende der Garzeit abgießen und abtropfen lassen; Zitronengras entfernen. Nudeln mit Spinat und Tomaten auf Tellern anrichten. Mit den gerösteten Walnüssen und Parmesan bestreuen und heiß servieren.

Tipp

Beim Kurkumapulver sollte man darauf achten, dass es Bio-Qualität hat. Außerdem sollte es luftdicht verschlossen und dunkel aufbewahrt werden.

KABELJAU
MIT MATCHA

FÜR 4 PERSONEN:

3 Stangen Lauch

Salz

4 Kabeljaufilets
(à ca. 160 g)

400 ml Fischfond

Matcha-Pulver

½ Zitrone

Pfeffer aus der Mühle

3 Scheiben Toastbrot

1 Bd. Petersilie

4 EL Basilikumöl (alternativ
kalt gepresstes Olivenöl)

30 g Butter

Muskatnuss, frisch
gerieben

Dill und Zitronenspalten
zum Garnieren

ZUBEREITUNGSZEIT:

40 Min.

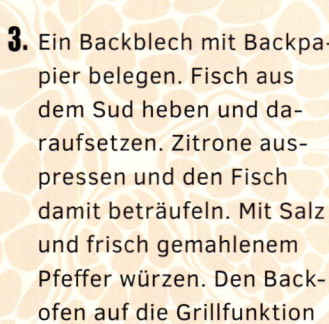

1. Den Lauch von Wurzeln und dunkelgrünen Blattenden befreien und in dünne Ringe oder Halbringe schneiden. Gründlich unter fließendem Wasser waschen. Gesalzenes Wasser aufkochen und den Lauch darin ca. 3 Minuten blanchieren. Anschließend in eiskaltem Wasser abschrecken und dann abtropfen lassen.

2. Kabeljau waschen und bei Bedarf noch Haut und Gräten entfernen. Den Fischfond zum Kochen bringen und 2 TL Matcha-Pulver darin auflösen. Den Fisch hineinlegen, den Topf vom Herd ziehen und den Fisch ca. 5 Minuten darin ziehen lassen.

3. Ein Backblech mit Backpapier belegen. Fisch aus dem Sud heben und daraufsetzen. Zitrone auspressen und den Fisch damit beträufeln. Mit Salz und frisch gemahlenem Pfeffer würzen. Den Backofen auf die Grillfunktion vorheizen.

4. Das Toastbrot von der Rinde befreien und grob würfeln. Petersilie abbrausen, trocken schütteln und die Blättchen grob hacken. Petersilie und Weißbrot mit dem Pürierstab fein zermahlen.

5. Die Brot-Petersilien-Mischung mit 2 EL Basilikumöl und 1 Msp. Matcha-Pulver vermengen und den Fisch auf einer Seite damit belegen. Leicht festdrücken und dann den Kabeljau mit Kruste in den heißen Ofen schieben. Ca. 5 Minuten bräunen.

6. In der Zwischenzeit die Butter in einem Topf zerlassen, den Lauch dazugeben und warm werden lassen. Am Schluss mit Salz und frisch geriebener Muskatnuss abschmecken.

7. Den Lauch auf 4 Teller verteilen. Den Fisch daraufsetzen und mit dem übrigen Basilikumöl beträufeln. Mit Dill und Zitronenspalten garnieren und sofort servieren.

MORINGA-HÄHNCHEN
MIT TABOULÉ

FÜR 4 PERSONEN:

4 Hähnchenbrüste
(à ca. 180 g)

loser Moringa-Tee für
1 l Wasser

240 g Bulgur (Instant)

60 g Mandelstifte

1 Salatgurke

3 Tomaten

2 rote Zwiebeln

2 Knoblauchzehen

1 Bd. glatte Petersilie

½ Bd. Minze

Saft von 1 Zitrone

1 EL Olivenöl

Salz

Pfeffer aus der Mühle

½ TL Kreuzkümmelpulver

ZUBEREITUNGSZEIT:
40 Min.

1. Hähnchenbrüste unter fließendem kaltem Wasser abbrausen und mit Küchenpapier trocken tupfen. 1 l Wasser aufkochen und Moringa-Tee damit übergießen. Den Tee in einen Topf füllen.

2. Die Hähnchenbrüste in den Tee geben. Den Tee aufkochen und das Geflügel darin bei milder Hitze ca. 25 Minuten garen.

3. Während die Hähnchenbrüste garen, den Bulgur nach Packungsangabe zubereiten. Mandelstifte ohne die Zugabe von Fett in eine beschichtete Pfanne geben und goldbraun rösten. Danach herausnehmen und abkühlen lassen.

4. Gurke und Tomaten waschen und trocken reiben. Die Gurke der Länge nach vierteln, entkernen und das Fruchtfleisch in Würfel schneiden. Tomaten von den Strünken befreien und vierteln.

5. Zwiebeln und Knoblauch abziehen und in kleine Würfel schneiden. Petersilie und Minze kalt abbrausen und trocken schütteln. Die Blättchen abzupfen und fein hacken.

6. Gurke, Tomaten, Zwiebeln und Knoblauch mit dem Bulgur vermengen. Petersilie und Minze unterheben. Dann das Ganze mit Zitronensaft, Olivenöl, Salz, frisch gemahlenem Pfeffer und Kreuzkümmel würzen. Ca. 10 Minuten ziehen lassen und danach das Taboulé auf 4 Tellern anrichten.

7. Die Hähnchenbrüste aus dem Sud heben und abtropfen lassen. In feine Scheiben schneiden und nach Belieben leicht mit Salz und mit frisch gemahlenem Pfeffer würzen. Moringa-Hähnchen auf dem Taboulé anrichten, mit gerösteten Mandelstiften bestreuen und rasch servieren.

CHIASAMEN-CHILI
MIT SPROSSEN UND AVOCADO

Abb.
Seite 95

FÜR 4 PERSONEN:

200 g passierte Tomaten
(Dose)

ca. 250 ml Gemüsebrühe

100 g Chiasamen

4 frische Tomaten

1 Knolle Fenchel

1 rote Paprikaschote

1 gelbe Paprikaschote

1 rote Zwiebel

1 Bd. Koriander

6 Stängel Minze

100 g gemischte Sprossen

2 Avocados

1 Limette

2 EL Rapsöl

Salz

Pfeffer aus der Mühle

1 Prise Cayennepfeffer

½ TL Kurkumapulver

½ TL Kreuzkümmelpulver

ZUBEREITUNGSZEIT:
40 Min.

1. Die passierten Tomaten mit 250 ml Gemüsebrühe und Chiasamen verrühren. Bis zur Weiterverarbeitung beiseitestellen und quellen lassen.

2. Frische Tomaten waschen, trocken reiben und vierteln. Die Stielansätze und Kerne entfernen und das Fruchtfleisch würfeln. Fenchel und Paprikaschoten waschen, putzen und klein würfeln. Zwiebel abziehen und hacken.

3. Koriander und Minze abbrausen und trocken schütteln. Die Blättchen abzupfen, ein paar Minzeblättchen zum Garnieren beiseitelegen, die übrigen Kräuter fein hacken.

4. Sprossen in einem Sieb kalt abbrausen und abtropfen lassen. Avocados vierteln, von Steinen und Schalen befreien und das Fruchtfleisch in Scheiben schneiden. Die Limette auspressen und die Avocadoscheiben mit dem Saft beträufeln.

5. Das Öl in einer großen Pfanne erhitzen. Zwiebel mit Fenchel und Paprika darin farblos anschwitzen. Die Chia-Tomaten-Mischung zugießen und die frischen Tomaten dazugeben. Ca. 5 Minuten bei milder Hitze leise köcheln lassen, dabei ab und zu umrühren. Falls nötig, noch etwas Gemüsebrühe zufügen.

6. Das Curry mit Salz, frisch gemahlenem Pfeffer, Cayennepfeffer, Kurkuma und Kreuzkümmel würzen. Die gehackten Kräuter untermengen und das Ganze nochmals abschmecken.

7. Chiasamen-Chili auf 4 Tellern anrichten. Mit Avocadoscheiben und Sprossen belegen und mit der beiseitegelegten Minze garniert servieren.

DREIERLEI
CHIA-PUDDING

FÜR 4 PERSONEN:

Für Kokos-Chia mit Mangomark (Abb. vorn):

6 EL Chiasamen

2 TL Kokosblütenzucker

300 ml Reis-Kokos-Drink

2 reife Mangos

Für Orangen-Chia mit Vanillejoghurt (Abb. Mitte):

6 EL Chiasamen

300 ml Orangensaft, frisch gepresst

120 g Soja-Joghurt-alternative Vanille

Für Mandel-Chia mit Passionsfrucht (Abb. hinten):

6 EL Chiasamen

2 EL Agavendicksaft

300 ml Mandeldrink

8 Passionsfrüchte

8 EL Kokosraspel

ZUBEREITUNGSZEIT:
je 15 Min.

QUELLZEIT:
je 8 Std.

1. Für den Kokos-Chia Chiasamen mit Kokosblütenzucker in den Reis-Kokos-Drink einrühren. Dann für 8 Stunden im Kühlschrank quellen lassen.

2. Nach Ende der Quellzeit die Chia-Mischung auf 4 Schalen verteilen. Mangos schälen und in groben Stücken von den Kernen schneiden. Das Fruchtfleisch mit dem Pürierstab zu einem glatten Püree verarbeiten und über den Pudding geben.

3. Für den Orangen-Chia die Chiasamen in den Orangensaft einrühren. 8 Stunden im Kühlschrank quellen lassen.

4. Nach Ende der Quellzeit die Chia-Mischung auf 4 Schalen verteilen. Soja-Joghurtalternative daraufgeben und anschließend servieren.

5. Für den Mandel-Chia Chiasamen mit dem Agavendicksaft in den Mandeldrink einrühren. 8 Stunden im Kühlschrank quellen lassen.

6. Nach Ende der Quellzeit die Chia-Mischung auf 4 Schalen verteilen. Die Passionsfrüchte aufschneiden und das Fruchtfleisch auf die Portionen in den Schalen verteilen. Mit Kokosraspeln bestreuen und servieren.

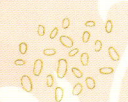

BANANEN-APFEL-CREME
MIT WEIZENGRAS UND SPIRULINA

FÜR 4 PERSONEN:

3 Bananen

2 Äpfel (unbehandelt)

2 EL Limettensaft, frisch gepresst

5 EL Sesamsamen

1 EL Weizengraspulver

1 EL Spirulina-Pulver

2 EL Ahornsirup

Zimtpulver

Minze zum Garnieren

ZUBEREITUNGSZEIT:

15 Min.

1. Die Bananen schälen und in Stücke schneiden. Äpfel waschen und trocken reiben. Dann vierteln und von den Kerngehäusen befreien. Das Fruchtfleisch grob würfeln.

2. Bananen und Äpfel mit dem Limettensaft vermengen. Dann das Ganze in einen hohen Rührbecher oder in den Standmixer geben. Vom Sesam 2 TL beiseitestellen und den Rest zum vorbereiteten Obst geben.

3. Weizengras- und Spirulina-Pulver mit Ahornsirup und 1 Prise Zimt dazugeben und das Ganze zu einer glatten Creme pürieren. In 4 Schälchen füllen, dann mit dem übrigen Sesam und etwas Zimt bestreuen. Mit Minze garniert servieren.

Tipp

Auch ein tolles Dessert: ein frischer Fruchtsalat mit Papaya und Granatapfel. Dafür das Fruchtfleisch von 1 kleinen reifen Papaya in Würfel schneiden und mit den Kernen von 1 Granatapfel vermengen. Mit dem Saft und der Schale von 1 unbehandelten Limette mischen und mit etwas braunem Zucker würzen. Den Salat in Schalen anrichten und je 1 EL Naturjoghurt daraufsetzen. Mit je 1 TL Kokoschips, Haferflocken und etwas Sesam bestreut servieren.

VOLLKORN-BLAUBEER- PFANNKUCHEN

FÜR 4 PERSONEN:

500 g Blaubeeren
4 Eier (Größe M)
120 g feines Weizen-vollkornmehl
250 ml Milch
30 g brauner Zucker
1 EL Vanillezucker
1 Prise Salz
3 EL neutrales Öl
2 EL Puderzucker

ZUBEREITUNGSZEIT:
25 Min.

1. Die Blaubeeren verlesen, vorsichtig waschen und in einem Küchensieb gut abtropfen lassen. Stiele und Blättchen abzupfen.

2. Eier trennen. Eigelb mit Mehl, Milch, braunem Zucker, Vanillezucker und Salz in eine Rührschüssel geben. Das Ganze mit den Quirlen des Handrührgerätes zu einem glatten Teig verarbeiten. Eiweiß sehr steif schlagen und mit einem Rührlöffel unter den Teig ziehen.

3. Eine beschichtete Pfanne dünn mit Öl ausstreichen und erhitzen. Mit einer Schöpfkelle eine kleine Menge Teig in die Pfanne geben. Teig gleichmäßig verteilen und kurz leicht anbacken. Danach 2 EL Blaubeeren auf den Teig streuen. Blaubeerpfannkuchen auf beiden Seiten goldbraun backen.

4. Auf die gleiche Weise aus dem restlichen Teig und mit den übrigen Beeren ca. 11 weitere Pfannkuchen backen. Die fertigen Blaubeerpfannkuchen mit etwas Puderzucker bestreuen und dann noch warm servieren.

Tipp

Wer mag, bestreut die Blaubeerpfannkuchen mit einer Mischung aus Puderzucker und Zimt. Dazu schmeckt außerdem Ahornsirup.

CHIA-KOKOS-CREME
MIT MANGO

FÜR 4 PERSONEN:

2 reife Mangos

1 Limette

40 g brauner Zucker

2 EL Kokosraspel

500 ml ungesüßte Kokosmilch

100 g Chiasamen

ZUBEREITUNGSZEIT:
20 Min.

QUELL- UND KÜHLZEIT:
2 ¼ Std.

1. Die Mangos schälen. Das Fruchtfleisch von den Steinen lösen und in kleine Würfel schneiden. Die Limette halbieren und auspressen. Dann Mangowürfel mit Limettensaft und braunem Zucker verrühren.

2. Anschließend die Hälfte des Mangofruchtfleisches fein pürieren. Den Rest in eine Schale geben, abdecken und kalt stellen.

3. Das Mangopüree mit Kokosraspeln, Kokosmilch und Chiasamen vermengen. Das Ganze ca. 15 Minuten bei Raumtemperatur quellen lassen, dabei ab und zu umrühren. Dann das Püree für mindestens 2 Stunden in den Kühlschrank stellen.

4. Nach Ende der Kühlzeit die Hälfte der Chia-Kokos-Creme auf 4 hohe Gläser verteilen. Einen Teil der Mangowürfel darauf verteilen und mit der übrigen Creme bedecken. Die übrige Mango dekorativ auf die Creme setzen und danach servieren.

Tipp

Auch super: Kokosreis mit Beeren. Dafür 65 g Basmatireis mit 200 ml ungesüßter Kokosmilch, 2 EL kernigen Haferflocken, 1 EL braunem Zucker, Schale und Saft von ½ Limette in einem Topf aufkochen. Den Herd ausschalten und den Reis ca. 20 Minuten quellen lassen. Dabei immer wieder durchrühren.

250 g gemischte frische Beeren in einer Mischung aus 2 EL Limettensaft und 1 EL Ahornsirup ziehen lassen. Dann die Hälfte pürieren. Den Reis mit pürierten und mit ganzen Beeren anrichten und servieren.

AÇAI-JOGHURT-SORBET

Süßes

FÜR 4 PERSONEN:

Für das Sorbet:

150 g Sahne

500 g Naturjoghurt

40 g Puderzucker

300 g Açai-Fruchtpüree

2 EL Açai-Pulver

2 EL Zitronensaft, frisch gepresst

Für den Krokant:

100 g brauner Kandiszucker

30 g Pistazienkerne

ZUBEREITUNGSZEIT:
30 Min.
GEFRIERZEIT:
1 ½ – 3 Std.

1. Für die Zubereitung mit der Eismaschine Sahne mit Joghurt und Puderzucker glatt verrühren. Açai-Fruchtpüree und -Pulver sowie den Zitronensaft untermengen. Diese Masse ca. 1 Stunde in den Kühlschrank stellen. Anschließend für ca. 30 Minuten in die Eismaschine geben und cremig gefrieren lassen.

2. Wenn man das Sorbet ohne Eismaschine zubereiten will, die Sahne steif schlagen. Joghurt mit Puderzucker glatt rühren, dann Açai-Fruchtpüree und -Pulver sowie den Zitronensaft untermengen. Zum Schluss die geschlagene Sahne unterziehen.

3. Die Sorbetmasse in ein flaches gefriergeeignetes und verschließbares Gefäß füllen und abdecken. In den Gefrierschrank stellen und in mindestens 3 Stunden soft gefrieren lassen.

4. Während der Gefrierzeit die Sorbetmasse ca. alle 20 Minuten mit einer Gabel kräftig durchrühren. So vermeidet man, dass sich Eiskristalle bilden.

5. Für den Krokant den Kandiszucker im Blitzhacker fein zerkleinern. Die Pistazien hacken.

6. Den Kandis mit 3 EL Wasser in eine kleine Pfanne geben. Erhitzen und den Zucker schmelzen. Goldbraun karamellisieren lassen, die Pistazien untermischen und die Masse auf einem mit Backpapier belegten Backblech verteilen. Erkalten lassen und anschließend in Stücke brechen.

7. Kurz vor dem Servieren das Sorbet nochmals kräftig durchrühren. Dann in Schälchen füllen und mit etwas Krokant garnieren. Sofort servieren.

VEGANES SCHOKO-NUSS-EIS

FÜR 4 PERSONEN:

125 g Cashewkerne

35 g Kakaobutter

200 g Ahornsirup

125 ml Nuss- oder Mandeldrink

30 g rohes Kakaopulver

60 g Mesquite-Pulver

75 g Bitterschokolade

ZUBEREITUNGSZEIT:
30 Min.

EINWEICHZEIT:
4 Std.

GEFRIERZEIT:
30 Min. – 4 Std.

1. Die Cashewkerne in eine Schale geben und mit kaltem Wasser bedecken. Für mindestens 4 Stunden, am besten länger, einweichen lassen. Danach abgießen, mit kaltem Wasser abbrausen und in einem Sieb gut abtropfen lassen.

2. Kakaobutter schmelzen. Cashewkerne mit Ahornsirup, geschmolzener Kakaobutter, Nuss- oder Mandeldrink, Kakao sowie Mesquite-Pulver in eine hohe Rührschüssel oder in einen Standmixer geben und pürieren.

3. Wer eine Eismaschine besitzt, füllt die Masse hier ein und lässt diese in ca. 30 Minuten cremig gefrieren. Die Schokolade grob hacken und in den letzten 5 Minuten dazugeben.

4. Will man das Eis ohne Eismaschine zubereiten, die Masse in ein gefriergeeignetes und verschließbares Gefäß füllen. Das Ganze abdecken und für mindestens 4 Stunden in den Gefrierschrank stellen.

5. Während der Gefrierzeit alle ca. 30 Minuten mit einer Gabel gründlich durchrühren, um die Bildung von Eiskristallen zu vermeiden. Nach ca. 2 ½ Stunden dann die gehackte Schokolade unterziehen.

Tipp

Mesquite-Pulver wird aus den Früchten des gleichnamigen Baums gewonnen, der in Nord- und Südamerika vorkommt. Es kann zum Süßen und Würzen verwendet werden und hat ein süßlich-nussiges Aroma.

LEINSAMEN-KURKUMA- TRÜFFEL

FÜR CA. 20 STÜCK:

100 g Leinsamen

150 g Agavendicksaft

2 TL Kurkumapulver

ca. 50 g Mandelmehl

2 Scheiben getrocknete Bergamotte (unbehandelt)

50 g Mandelkerne

60 g Kokosraspel

ZUBEREITUNGSZEIT:
25 Min.
KÜHLZEIT:
2 Std.

1. Die Leinsamen in einen Mörser, in eine Kaffeemühle oder eine Gewürzmühle geben und fein mahlen. Anschließend mit Agavendicksaft, Kurkuma und 50 g Mandelmehl gründlich vermengen.

2. Die Leinsamenmasse sollte gut formbar sein. Daher bei Bedarf noch etwas Mandelmehl oder kaltes Wasser ergänzen und alles gründlich mischen. Aus der Masse ca. 20 kleine Kugeln formen.

3. Bergamotte mit den Mandelkernen fein mahlen. Dafür am besten einen Pürierstab verwenden. Die Mischung auf einen kleinen Teller geben und die Kugeln darin wälzen. Dann abgedeckt für ca. 2 Stunden in den Kühlschrank stellen.

4. Nach Ende der Kühlzeit die Kokosraspel auf einen Teller geben. Die Leinsamen-Kurkuma-Trüffel darin wenden und anschließend servieren.

Tipp

Bergamotte ist eine Kreuzung aus Limette und Bitterorange. Sie wird gern verwendet, um Getränke oder Süßwaren zu aromatisieren. Aber auch bei der Herstellung von Parfüms ist sie beliebt. Frisch wird sie nicht gegessen, da ihr Fruchtfleisch sehr sauer ist.

APFEL-NUSS-COOKIES
MIT CHIASAMEN

FÜR CA. 35 STÜCK:

50 g Chiasamen

80 g Walnusskerne

125 g Sonnenblumenkerne

300 g Äpfel (unbehandelt)

½ TL abgeriebene Zitronenschale (unbehandelt)

3 EL Zitronensaft, frisch gepresst

100 g getrocknete Apfelringe

2 EL brauner Zucker

130 g gekeimte Quinoa (alternativ gepoppter Amaranth)

3 EL Carob-Pulver

3 EL Erdmandelmehl

ZUBEREITUNGSZEIT:
45 Min.

EINWEICHZEIT:
4 Std.

BACKZEIT:
1 Std.

1. Chiasamen in eine Schale geben und mit 125 ml kaltem Wasser übergießen. Mindestens 4 Stunden, am besten länger, einweichen.

2. Walnüsse mit den Sonnenblumenkernen vermischen. Mit 200 ml kaltem Wasser bedecken und ebenfalls mindestens 4 Stunden einweichen.

3. Backofen auf 120 Grad Umluft vorheizen. 3 Backbleche mit Backpapier belegen. Äpfel waschen, trocken reiben und vierteln. Die Kerngehäuse herausschneiden und das Fruchtfleisch raspeln. Mit abgeriebener Zitronenschale und Zitronensaft vermengen.

4. Die Apfelringe grob klein schneiden und mit der Hälfte der Apfelraspel in eine hohe Rührschüssel oder in den Standmixer geben. Das Ganze fein pürieren.

5. Die Nuss-Sonnenblumenkern-Mischung abgießen, abtropfen lassen und grob hacken. Chiasamen ebenfalls abgießen und abtropfen lassen.

6. Nussmischung und Chiasamen mischen. Mit Apfelpüree und -raspeln, Zucker, Quinoa, Carob und Erdmandelmehl in eine Schüssel geben. Dann das Ganze zu einer zähen Masse vermengen.

7. Mithilfe von 2 Teelöffeln den Teig in kleinen Häufchen auf die vorbereiteten Backbleche setzen. Die Bleche in den heißen Ofen schieben und die Cookies ca. 1 Stunde mehr trocknen lassen als backen.

8. Anschließend die Cookies aus dem Ofen nehmen. Abkühlen lassen, von den Blechen nehmen und auf einem Kuchengitter vollständig erkalten lassen.

Tipp

Carob-Pulver wird aus den getrockneten Früchten des Johannisbrotbaumes gewonnen. Es ist eine Alternative zu Kakao, schmeckt weniger bitter und leicht karamellig.

Bei gekeimter Quinoa wurde Quinoasaat vorgekeimt und unter 42 Grad getrocknet. Man sollte sie nicht mit den oft im Handel erhältlichen Keimlingen verwechseln! Diese sind für Salate oder Gemüse super geeignet, hierfür dagegen nicht.

ENERGY-BOOSTER- MUFFINS

FÜR 12 STÜCK:

50 g gemahlene Mandeln

40 g zarte Haferflocken

100 g Dinkelmehl (Type 630)

40 g Dinkelvollkornmehl

2 TL Weinsteinbackpulver

1 TL Zimtpulver

1 Prise gemahlene Tonkabohne

3 Eier (Größe M)

1 reife Banane

4 EL Agavendicksaft

100 ml Rapsöl

5 EL getrocknete Maulbeeren

ZUBEREITUNGSZEIT:
25 Min.

BACKZEIT:
30 Min.

1. Den Ofen auf 180 Grad Ober- und Unterhitze (160 Grad Umluft) vorheizen. Papierförmchen in die Mulden eines Muffinblechs setzen.

2. Gemahlene Mandeln, Haferflocken und die beiden Mehlsorten in eine Rührschüssel geben und vermengen. Backpulver, Zimt und Tonkabohne dazugeben und untermischen.

3. Die Eier in eine weitere Rührschüssel schlagen und verquirlen. Die Banane schälen und dazuschneiden. Agavendicksaft und Rapsöl ergänzen und alles pürieren.

4. Die Eier-Bananen-Masse zur Mehlmischung geben und mit einem Löffel nur so vermengen, dass alle Zutaten gerade feucht sind. Die Maulbeeren untermengen und den Teig in die vorbereiteten Förmchen füllen.

5. Das Blech in den heißen Ofen schieben und die Muffins auf der mittleren Schiene ca. 30 Minuten backen. Anschließend herausnehmen und 5 Minuten im Blech abkühlen lassen. Die Muffins herauslösen und auf einem Kuchengitter vollständig erkalten lassen.

Tipp

Mehl- und Eiermischung sollten wirklich nur so vermengt werden, dass die trockenen Zutaten feucht sind. Rührt man zu lange, können die Muffins fest und zäh werden.

LEINSAMEN-KNUSPER-
COOKIES

FÜR CA. 20 STÜCK:

150 g Datteln

100 g Walnusskerne

50 g Erdnusskerne

75 g Rosinen

40 g Mehl (Type 405)

100 g Leinsamen

100 g zarte Haferflocken

100 g kernige Hafer-
flocken

100 g Reissirup

100 g brauner Zucker

1 Msp. Salz

80 g Sojasahne

40 g Kokosfett

150 g cremige
Erdnussbutter

ZUBEREITUNGSZEIT:
25 Min.

BACKZEIT:
20 Min.

1. Den Ofen auf 180 Grad Ober- und Unterhitze (160 Grad Umluft) vorheizen. Ein Backblech mit Backpapier belegen.

2. Datteln längs halbieren und die Steine entfernen. Dann mit Walnüssen und Erdnüssen grob hacken. Datteln und Nüsse mit den Rosinen in eine Schüssel geben. Mehl, Leinsamen und die beiden Haferflockensorten untermischen.

3. Reissirup mit braunem Zucker, Salz, Sojasahne, Kokosfett und Erdnussbutter in einen Topf geben und unter Rühren langsam erhitzen. Wenn sich der Zucker gelöst hat, das Ganze über die Müslimischung geben und alles gründlich vermengen.

4. Mit einem Esslöffel kleine Häufchen auf das vorbereitete Blech setzen und diese leicht flach drücken. In den heißen Ofen schieben und die Cookies auf der mittleren Schiene in ca. 20 Minuten goldbraun backen. Anschließend herausnehmen und auskühlen lassen.

Tipp

Anstelle der Datteln eignen sich für dieses Rezept auch gemischte Trockenfrüchte. Die sollten dann ebenfalls klein gehackt werden.

EXOTISCHER PFLAUMENSALAT

Abb. Seite 121

FÜR 4 PERSONEN:

2 Granatäpfel

2 EL Ahornsirup

Mark von 1 Vanilleschote

2 Saftorangen

150 g getrocknete Pflaumen

30 g Walnusskerne

500 g Papaya

2 EL Kokosspäne

einige Minzeblättchen zum Garnieren

ZUBEREITUNGSZEIT:

30 Min.

1. Granatäpfel halbieren, 1 auspressen, aus dem anderen die Kerne herauslösen. Granatapfelsaft mit Ahornsirup und Vanillemark verrühren.

2. Orangen schälen, dabei die weiße Haut entfernen. Orangen filetieren und den Saft dabei auffangen. Orangensaft zu dem Granatapfeldressing geben. Getrocknete Pflaumen nach Belieben halbieren und in das Dressing geben. Kurz durchziehen lassen.

3. Walnüsse grob hacken und in einer kleinen beschichteten Pfanne kurz rösten. Papaya schälen, Kerne entfernen und Fruchtfleisch in Stücke schneiden.

4. Orangenfilets, Granatapfelkerne, Walnüsse und Papaya locker unter die getrockneten Pflaumen mischen. Obstsalat anrichten und mit Kokosspänen bestreuen. Mit Minzeblättchen garniert servieren.

Tipp

Dieses Dressing kann nach Geschmack noch mit einem Hauch frisch geriebener Muskatnuss und etwas Zimtpulver abgeschmeckt werden.

REGISTER

BILDNACHWEIS

Alpro: 45; Arras/Südwest Verlag: 127; California Walnut Commission: 25, 27, 39, 59, 115; www.deutsches-gefluegel.de: 99, 119; Hofstetter/Irisiana Verlag: 73; Jessen/Südwest Verlag: 37, 47, 49, 83, 123; Photocuisine: 15, 21, 35, 53, 65, 75, 77, 87, 91, 93, 97, 103, 113, 117, 129, 135, 141; Schürle, Grossmann/Südwest Verlag: 69; www.shutterstock.de: Gokce Gurellier Hinterlegung auf allen Seiten, Minur Illustrationen 16, 18, 20, 22, 24, 26, 28, 30, 32, 34, 36, 38, 40, 42, 44, 46, 48, 52, 54, 56, 58, 62, 66, 68, 70, 72, 74, 76, 78, 80, 82, 84, 86, 90, 92, 94, 96, 98, 100, 102, 104, 106, 108, 110, 112, 114, 116, 118, 120, 122, 124, 126, 128, 130, 132, 134, 136, 138, 140, 142, Jarvna 4, casanisa 5, diogoppr 6, Africa Studio 7 oben und 8, Phish Photography 7 unten, grafvision 9 oben, 5 second Studio 9 unten, Dionisvera 10 oben, HandmadePictures 10 unten, Ildi Papp 11, Malivan_Iuliia 12, Elena Schweitzer 13, Suto Norbert Zsolt 14; StockFood: 17, 19, 23, 29, 31, 33, 41, 43, 51, 55, 57, 61, 63, 67, 71, 79, 81, 85, 89, 95, 101, 105, 107, 109, 111, 125, 131, 133, 137, 139; Sunsweet: 121